MINDEN.

Siegfried Kessemeier
Jochen Luckhardt

# DOM UND DOMSCHATZ IN MINDEN

Aufnahmen von Hermann Deuker

Karl Robert Langewiesche Nachfolger
Hans Köster Königstein im Taunus

# LITERATURHINWEISE

ZUR GESCHICHTE DES BISTUMS: *H. Blotevogel,* Studien zur territorialen Entwicklung des ehemaligen Fürstentums Minden und zur Entstehung seiner Ämter- und Gerichtsverfassung, Diss. Münster 1933. – *E. A. F. Culemann,* Mindische Geschichte, Minden 1747–48. – *Dompfarramt und Dombauverein Minden* (Hg.), Festschrift zur Neuweihe des Domes zu Minden, Minden 1957. – *W. Draeger,* Das Mindener Domkapitel und seine Domherren im Mittelalter, Diss. Münster 1933. – *A. K. Hömberg,* Westfälische Landesgeschichte, Münster 1967. – *A. K. Hömberg,* Studien zur Entstehung der mittelalterlichen Kirchenorganisation in Westfalen, in: Westf. Forschungen, Bd. 6, 1943/52, S. 46–108. – *L. von Ledebur,* Minden-Ravensberg, Denkmäler der Geschichte, der Kunst und des Altertums, hg. v. G. H. Griese, Bünde 1934. – *K. Löffler* (Hg.), Mindener Geschichtsquellen Bd. I, Die Bischofschroniken des Mittelalters, Münster 1917. – *K. Löffler* (Hg.), Mindener Geschichtsquellen Bd. II, Des Domherrn Heinrich Tribbe Beschreibung von Stadt und Stift Minden, Münster 1932. – *H. Nordsiek* (Hg.), Zwischen Dom und Rathaus, Beiträge zur Kunst- und Kulturgeschichte der Stadt Minden, Minden 1977. – *H. Rothert,* Westfälische Geschichte, Gütersloh, 2. Aufl. 1962. – *J. K. von Schroeder,* Das Mindener Domschatzinventar von 1683, Münster 1980. – *W. Schroeder,* Chronik des Bistums und der Stadt Minden, Minden 1886. – *D. Scriverius,* Die weltliche Regierung des Mindener Stifts von 1140 bis 1397, 2 Bde., Marburg 1968 und 1974. – *D. Scriverius,* Das Hochstift Minden, in: Ausst. Kat. Köln-Westfalen 1180–1980, Münster 1980, S. 143–146. – *E. Stange,* Geld- und Münzgeschichte des Bistums Minden, Münster 1913.

ZUR ARCHITEKTUR DES DOMES: *L. Behling,* Gestalt und Geschichte des Maßwerks, 2. Aufl., Köln/Wien 1978. – *E. Fink,* Die gotischen Hallenkirchen in Westfalen, Diss. Münster 1934. – *H. Gelderblom,* Steinmetzzeichen im Dom zu Minden, in: Festschrift zur Neuweihe des Domes zu Minden, Minden 1957, S. 58–61. – *H. Gelderblom,* Die Grabungen und Funde im Mindener Dom, Minden 1964. – *H. Gelderblom,* Der Kreuzgang am Dom zu Minden, in: Mindener Heimatblätter 39, 1967, S. 1–36. – *J. Jesse,* Die Stiftskirche in Lippstadt (Westfalen), Diss. Münster 1969. – *D. Kluge, W. Hansmann,* Westfalen (Handbuch der deutschen Kunstdenkmäler), München/Berlin 1969. – *H. Maué,* Rheinisch-staufische Bauformen und Bauornamentik in der Architektur Westfalens, Köln 1975. – *H. Maué,* Der Dom zu Minden, München/Berlin 1979. – *H. G. Meyer,* Die Gliederung der Langhausnordseite des Mindener Domes, in: Zwischen Dom und Rathaus. Beiträge zur Kunst und Kulturgeschichte der Stadt Minden, Minden 1977, S. 107–122. – *F. Mühlen,* Einzelberichte zur Denkmalpflege für die Jahre 1941–1952, in: Westfalen 31, 1953, S. 145–148. – *K. E. Mummenhoff,* Einzelberichte zur Denkmalpflege für die Jahre 1953–1961, in: Westfalen 41, 1963, S. 151–153. – *F. Oswald, L. Schaefer, H. R. Sennhauser,* Vorromanische Kirchenbauten. Katalog der Denkmäler bis zum Ende der Ottonen, München 1966–1970. – *W. Rave,* Das kurze Joch im Dom zu Minden, in: Westfalen 14, 1928, S. 58–62. – *E. Schürenberg,* Die Baugeschichte des Domes zu Minden mit Ausnahme des romanischen Westwerks, Diss. Freiburg 1926. – *H. Thümmler,* Neue Forschungen zur mittelalterlichen Baukunst in Westfalen, in: Deutsche Kunst und Denkmalpflege 10, 1952, S. 100 f. – *H. Thümmler,* Neue Funde zur mittelalterlichen Baugeschichte in Westfalen, in: Westfalen 31, 1953, S. 282–284. – *H. Thümmler,* Die karolingische Baukunst in Westfalen, in: Karolingische Kunst. Werden-Wesen-Wirkung, Wiesbaden 1957, S. 84–108. – *H. Thümmler,* Der Dom zu Minden, München/Berlin 1961. – *H. Thümmler,* Weserbaukunst im Mittelalter, Hameln 1970. – *K. Wilhelm-Kästner,* Die Elisabethkirche zu Marburg und ihre künstlerische Nachfolge, Bd. 1, Marburg 1924. – *A. Wolters,* Beiträge zur Geschichte der Skulptur im Halberstädter Dom, Diss. Halle 1911. –

ZUR AUSSTATTUNG DES DOMES UND ZU DEN WERKEN DES DOMSCHATZES
Ausst. Kat. *Konservieren-Restaurieren,* Münster 1975. – Ausst. Kat. Die Zeit der *Staufer,* Stuttgart 1977. – Ausst. Kat. Kunst und Kultur im *Weserraum,* Corvey 1966. – *W. Arenhövel,* Der Hezilo-Radleuchter im Dom zu Hildesheim, Berlin 1975. – *G. von Bock,* Perlstickerei in Deutschland bis zur Mitte des 16. Jahrhunderts, Diss. Bonn 1966. – *J. Braun,* Das christliche Altargerät in seinem Sein und in seiner Entwicklung, München 1932. – *J. Braun,* Die Reliquiare des christlichen Kultes und ihre Entwicklung, Freiburg 1940. – *V. H. Elbern,* Der eucharistische Kelch im frühen Mittelalter, in: Zeitschrift des Deutschen Vereins für Kunstwissenschaft 17, 1963, S. 1–76, 117–188. – *J. M. Fritz,* Gestochene Bilder. Gravierungen auf deutschen Goldschmiedearbeiten der Spätgotik, Köln/Graz 1966. – *M.-M. Gauthier,* Emaux du moyen âge occidental, Fribourg 1972. – *A. Goldschmidt,* Die Elfenbeinskulpturen aus der Zeit der karolingischen und sächsischen Kaiser 8.–11. Jahrhundert, Berlin 1914. – *I. Güssow,* Die Crispinus- und Crispianusschreine im Osnabrücker Domschatz, Diss. München 1972. – *K. B. Heppe,* Gotische Goldschmiedekunst in Westfalen vom zweiten Drittel des 13. bis zur Mitte des 16. Jahrhunderts, Diss. Münster 1973. – *D. Kluge,* Gotische Wandmalerei in Westfalen 1290–1530, Münster 1959. – *R. Koch,* Der Glasbecher der heiligen Elisabeth in Coburg, in: Ausst. Kat. Sankt Elisabeth. Fürstin, Dienerin, Heilige, Marburg 1981, S. 272–284. – *P. Leo, H. Gelderblom,* Der Domschatz und das Dombaumuseum in Minden, Minden 1961. – *E. Meyer,* Reliquie und Reliquiar im Mittelalter, in: Festschrift Carl Georg Heise, Berlin 1950, S. 55–66. – *R. Meyer,* Die Miniaturen im Sakramentar des Bischofs Siegebert von Minden, in: Studien zur Buchmalerei und Goldschmiedekunst des Mittelalters. Festschrift für Karl Hermann Usener, Marburg 1967, S. 181–200. – *G. von der Osten,* Werke der Hildesheimer Benedikt-Werkstatt im alten Mindener Sprengel, in: Westfalen 25, 1940, S. 163–169. – *W. Sauerländer,* Die kunstgeschichtliche Stellung der Figurenportale des 13. Jahrhunderts in Westfalen, in: Westfalen 49, 1971, S. 1–76. – *J. K. von Schroeder,* Reineke vam Dressche, der Meister der Mindener Chormantelschließe von 1484, in: Berliner Museen N.F. 20, 1970, S. 23–27. – *R. Wesenberg,* Frühe mittelalterliche Bildwerke. Die Schule rheinischer Skulptur und ihre Ausstrahlung, Düsseldorf 1972.

Autoren: Siegfried Kessemeier verfaßte die Kapitel „Zur Geschichte des ehemaligen Bistums" und „Zur Darbietung des Domschatzes", Jochen Luckhardt den Text zum Dom und zu den Werken des Domschatzes.

EINBAND-VORDERSEITE: Westansicht des Domes. – VORDERES VORSATZBLATT: Ausschnitt aus dem „Mindener Stiftskalender" s. S. 5 – SEITE 1: Türzieher (Verzeichnis Nr. 26). – EINBAND-RÜCKSEITE: Petri-Schrein (Verzeichnis Nr. 2)

Folgende Aufnahmen wurden freundlichst zur Verfügung gestellt: Für Seite 3 links und 4 oben von Peter Berghaus, Münster i. W. – Für Seite 3 rechts: Münzkabinett der Staatlichen Museen Berlin DDR – Für Seite 12, 13: Westfälisches Amt für Denkmalpflege, Münster i. W. – Für Seite 35: Staatsbibliothek Preußischer Kulturbesitz, Berlin. – Für Seite 41: Skulpturensammlung der Staatlichen Museen, Berlin DDR. – Für Seite 60 oben und unten: Skulpturengalerie der Staatlichen Museen Preußischer Kulturbesitz, Berlin. – Für Seite 76 und 77: Kunstgewerbemuseum, Staatliche Museen Preußischer Kulturbesitz, Berlin. – Für Seite 5, 9: „Westfalia Picta", Münster. – Für Seite 6: Herbert Grönegreß, München. – Alle übrigen Aufnahmen von Hermann Deuker, Münster i. W.

 ISBN 3-7845-4830-X

*PFENNIG des Mindener Bischofs Konrad von Rüdenberg 1209-37, 2 : 1*

*PFENNIG von Braunschweig, Gedenkprägung zur Mindener Hochzeit Heinrichs des Löwen 1168, 2 : 1*

## Zur Geschichte des ehemaligen Bistums

Achteinhalb Jahrhunderte gab es ein Bistum Minden. Heute ist es nur noch eine historische Erinnerung und zugleich mehr als das, weil es bedeutende Zeugnisse hinterließ, die eine Ahnung davon geben, was es einmal war. Dom und Domschatzkammer vergegenwärtigen in ihrem Rang Anspruch und Geltung des einstigen Bistums, das seine hohe Zeit im frühen Mittelalter erlebte, vom 9. bis zum 12. Jahrhundert.

Von Karl dem Großen um 800 gegründet, hatte es anfangs als kirchlicher Bezirk eine beachtliche Ausdehnung: Es erstreckte sich von der Lüneburger Heide bis Polle an der Weser, von Hannover bis an die Grenzen von Osnabrück. Der Bischofssitz war durch eine geographisch wichtige Lage an einem Weserübergang nahe dem Gebirgsdurchbruch des Flusses hervorgehoben, freilich auch mit seinem Sprengel beiderseits der Weser in einer Zwischensituation: Westlich wie östlich eingebunden, an der Nahtstelle verschiedener Interessenbereiche. Einerseits war das Bistum mit Westfalen verkettet und gehörte wie die Bistümer Osnabrück und Münster zur Kölner Kirchenprovinz, andererseits war es nach Niedersachsen hin orientiert und hier einem politisch mächtigen Nachbarn, den Herzögen von Sachsen, ausgesetzt. Sie haben das Schicksal des Bistums Minden wesentlich bestimmt und seine territoriale Ausdehnung als fürstbischöflicher Herrschaftsbereich in Grenzen gehalten; ebenso taten dies die anderen politischen Nachbarmächte, die Grafen von Hoya und die Grafen von Schaumburg. Minden blieb als Fürstentum das kleinste westfälische Bistum und stets im Spannungsfeld verschiedener, Einfluß nehmender politischer Interessen. Gleichzeitig war es zwischen dem Erzbistum Bremen im Norden und dem Bistum Paderborn im Süden eingeblockt.

Nichtsdestoweniger hatte Minden unabhängig von diesen räumlichen Bezügen gerade in den ersten Jahrhunderten seines Bestehens eine eigene Bedeutung, beruhend im geistig-personalen Rang seiner Bischöfe und ihrer Verbindung zur Reichspolitik und zu den Herrscherhäusern. Dies wiederum hing zusammen mit der Art, in der die Bischofsstühle besetzt wurden: Die Herrscher wählten als Bischöfe meist vertraute und bewährte Männer ihrer Umgebung. So kam es zu einem engen Kontakt deutscher Könige und Kaiser mit Minden und seinen Bischöfen. Mindener Bischöfe begleiten die Herrscher auf ihren Reisen oder führen für sie Aufträge aus. Im Jahre 962 begleitet zum Beispiel Bischof Landwart König Otto I. zu seiner Kaiserkrönung nach Italien. Deutsche Könige und Kaiser weilen wiederholt in Minden. Konrad II. verbringt hier 1014 als König und 1033 als Kaiser das Weihnachtsfest. Mehrere Aufenthalte nimmt Kaiser Heinrich III.: 1048 und 1049, 1051 und 1053. Eine tragische Wende bringt solch ein Königsbesuch, als während der Anwesenheit Heinrichs IV. zu Pfingsten 1062 ein großer Brand ausbricht, der auch den Dom und viele Kleinodien zerstört. Mit den Herrscherbesuchen und -kontakten fiel nicht nur imperialer Glanz auf Minden, es gewann dadurch auch weiträumige Verbindungen europäischer Spannweite, die sich als kultureller Gewinn auswirkten: Zeugnis dessen sind bedeutende Handschriften und Werke des Domschatzes. Ein letzter Höhepunkt war, nun schon bezeichnenderweise ein landesfürstlicher Auftritt, die Vermählung Herzog Heinrichs des Löwen mit Mathilde, der Tochter König Heinrichs II. von England, 1168 im Mindener Dom.

Aber auch andere Beziehungen üben ihren Einfluß aus. In der ersten Hälfte des 10. Jahrhunderts, 913–950, sind aufeinander folgend zwei Äbte des Benediktinerklosters Lorsch zugleich Bischöfe von Minden, Liuthar und Ebergis. Durch sie kommt die Verbindung zum Benediktinerkloster Gorze in Lothringen zustande, damals Ausgangspunkt einer großen Reformbewegung. Gorze überläßt Minden Teile der Reliquien seines Patrons, des Hl. Gorgonius, der bei der Domweihe von 952 nach dem Hl. Pe-

*Bischof Georg von Braunschweig-Lüneburg 1554-66, TALER von 1558, 2 : 1*

*VERSEHKREUZ des Mindener Domkapitels von 1789 (Verz. Nr. 46)*

trus als ursprünglichem Patron von Dom und Bistum nun auch Patron des Domes wird. Wie bei dem Hl. Petrus tritt auch das Patronat des Hl. Gorgonius in den Reliquiaren des Domschatzes sichtbar in Erscheinung. Der Bund zwischen Gorze und Minden erfährt seine spirituelle Fortsetzung in einer Gebetsbruderschaft, wahrscheinlich von Bischof Milo (969–996) geschlossen und später von Bischof Anno (1171–1185) bei einem Besuch in Gorze 1175 erneuert. Hier wird deutlich, daß mittelalterliche Bistumsgeschichte nicht nur Kirchenpolitik ist, sondern ganz wesentlich religiöses Leben und sakrale Welt einschließt.

Das zeigen ebenfalls die Bischofspersönlichkeiten, die besonders hervorgetreten und in Kunstwerken und anderen Dingen wie den Reliquien Zeugnisse sakraler Legitimation hinterlassen haben. So Bischof Sigebert (1022–1036), der dem Dom mehrere wertvolle liturgische Handschriften stiftete; er selbst ist in einer berühmten Miniatur einer dieser Handschriften im Bilde dargestellt, als Bischof thronend zwischen einem Priester und einem Diakon. So Bischof Eilbert (1055–1080), der den niedergebrannten Dom wiedererrichtet und ihn 1071 weiht. Nicht zuletzt die Bischöfe des 12. Jahrhunderts, Sigeward (1120–1140), Erbauer der Kirche von Idensen mit ihrem bedeutenden Freskenzyklus, und Anno, bereits als Erneuerer der Gebetsbruderschaft mit Gorze erwähnt, der – wie die Bischofschroniken rühmend hervorheben – sich besonders um die Auffüllung des Reliquienschatzes bemüht. Doch damals klingt die hohe Zeit des Bistums eigentlich schon ab, wenngleich im darauffolgenden Jahrhundert noch einmal ein umfassender Neubau des Domes geschieht. Gleichzeitig erstarkt die Stadt und das Domkapitel gewinnt mehr Macht. Eine neue Zeit bricht an. Interessenpolitik tritt in den Vordergrund. Die benachbarten Fürstenhäuser machen ihren Einfluß geltend; seit Mitte des 13. Jahrhunderts tauchen immer häufiger Söhne der Häuser Diepholz, Hoya, Schaumburg und Braunschweig als Mindener Bischöfe auf. Sie sind in der Regel mehr weltliche Landesherren als geistliche Oberhäupter und religiöse Persönlichkeiten. Ende des 14. Jahrhunderts gelingt eine wichtige territoriale Erweiterung und Abrundung des Fürstbistums: Der letzte Edelvogt vom Berge vermacht ihm 1397 seine Herrschaft östlich der Weser. Das Fürstbistum gewinnt seine endgültige Gestalt. Kirchlich gegliedert in 12 Archidiakonate, wird es staatlich in 5 Ämtern verwaltet: Hausberge, Petershagen, Schlüsselburg, Reineberg, Rahden. Ein überschaubares Territorium, aber ein schwaches Staatsgebilde, das im 14. Jahrhundert zusehends in kriegerische Auseinandersetzungen verwickelt wird und dynastischem Druck ausgesetzt ist, dennoch übersteht und in der Existenzkrise der Reformationszeit im 16. Jahrhundert wenigstens sein Zentrum behauptet: Inmitten der lutherisch gewordenen Stadt bleibt nur der Dom und das Domkapitel katholisch, gesichert durch einen Vergleich von 1535 zwischen Bischof Franz von Waldeck und dem Rat der Stadt. Die Protestantisierung des Landes selbst schreitet unter den folgenden, meist aus dem Hause Braunschweig-Wolfenbüttel und Braunschweig-Lüneburg stammenden Bischöfen fort. So kann es nicht überraschen, daß, nachdem auch die gegenreformatorischen Bemühungen des Bischofs Franz von Wartenberg (seit 1633) gescheitert sind und die Schweden die Stadt besetzt halten, das Bistum am Ende des 30jährigen Krieges säkularisiert wird.

Doch nicht die Welfen erhalten es, es fällt an Brandenburg-Preußen. Die Preußen nehmen das Land, aber sie belassen das Domkapitel und den Dom als katholisches Gotteshaus. Aus einer Bischofsstadt wird eine Beamten- und Soldatenstadt. Der 60. Bischof ist der letzte gewesen.
Gleichwohl wird die Hoffnung, einen Bischof als kirchlichen Amtsträger wiederzuerhalten, immer noch nicht ganz aufgegeben. Das Domkapitel nimmt nun einen Teil der geistlichen Funktionen des Bischofs wahr, indem es beispielsweise die frei werdenden geistlichen Stellen besetzt, pastorale Vollmachten erteilt und Aufsicht ausübt. Eine besondere Beziehung zum nächsten Bischofssitz Osnabrück entsteht: Hier geschieht die Priesterweihe der zahlreichen Domvikare, von hier werden am Gründonnerstag die heiligen Öle geholt. Man erwägt, den Erzbischof von Köln als Metropoliten mit der kirchlichen Leitung des Bistums Minden zu betrauen. Schließlich wird es im Jahre 1709 dem Apostolischen Vikariat der nordischen Mission zugeteilt. Aber selbst der preußische König Friedrich Wilhelm I. hat 1721 noch die Idee, vom Mindener Domkapitel einen Bischof für die Katholiken in seinen Landesteilen wählen zu lassen. Dazu ist es nicht gekommen. Wie lange sich die Hoffnungen hielten, zeigt indes die Tatsache, daß der bischöfliche Thron an der Evangelienseite des Hochchores erst 1830 entfernt wurde.
Von 1648 bis 1811 bestand das Domkapitel fort. Mit ihm hat es seine eigene Bewandtnis. In der Anfangszeit des Bistums waren die Domherren, 20–24 an der Zahl, im Domkloster Sancti Petri vereint und führten bis etwa 1230 ein gemeinsames Leben. 1250 wird erstmals ein Domherrenhaus erwähnt; in dieser Zeit hat wahrscheinlich das gemeinsame, klosterähnliche Zusammenleben aufgehört. Oberhaupt des Domkapitels, dessen Mitglieder dem niederen und hohen Adel Westfalens und Niedersachsens entstammten, war der Dompropst, neben ihm übte als zweiter Würdenträger der Domdechant die Aufsicht über das Kapitel und seine Geschäfte aus. Aufgabe der Domherren war: Das Chorgebet zu mehreren Tageszeiten, Teilnahme an der Verwaltung des Bistums, einige hatten Funktionen als Archidiakone (Dechanten) und schließlich besaßen sie das Recht der Bischofswahl. 1648 erfuhr das Domkapitel eine zeittypische interkonfessionelle Neuordnung: Fortan bestand es aus katholischen und evangelischen Domherren. In der endgültigen Zusammensetzung nach Neugründung katholischer Domherrenstellen umfaßte es elf katholische Domherren (einschließlich des Dompropstes) und sieben evangelische Domherren (einschließlich des Domdechanten). Hinzu kamen für den Chordienst zeitweise bis zu 21 katholische Domvikare, außerdem gab es noch 10 evangelische Domvikarstellen. Zwar blieb so kirchliches Leben bestehen, aber ebenso in Pfründensicherung befangen. Trotzdem ist es erstaunlich, daß das religiöse Leben nicht erlosch und die alten Heiltümer weitere Schätzung erfuhren. Beweis dafür sind die großen Reliquienschränke, die 1663 der Dompropst Johann Rötger Torck fertigen und hinter dem Hochaltar aufstellen ließ. Ihre Türen waren mit Gemälden geschmückt, die sich auf die mit Reliquien vertretenen Heiligen bezogen. Eine dieser kupfernen Bildertüren ist erhalten.
Landesherrlich-preußische Begehrlichkeit und Vereinnahmung

*MINDENER STIFTSKALENDER UM 1770, Kupferstich von Daniel Berger nach Johann Wilhelm Meil. Gestaltung als Triumphbogen, bekrönt von den Dompatronen St. Petrus und St. Gorgonius, mit Durchblick auf einen Altar. Am Sockel Ansicht der Stadt Minden und Personifikation der Weser. Die 18 Medaillonaussparungen nahmen die Wappen der Domherren auf, die beiden in der Mitte waren für den Dompropst und den Domdechanten bestimmt.*

*MEDAILLE auf Kurfürst Friedrich III. von Brandenburg 1694, Rückseite mit Stadtbild Minden und Bildnis des Kurprinzen Friedrich Wilhelm, später König Friedrich Wilhelm I. von Preußen. 1, 5 : 1*

machten sich ebenfalls bemerkbar. 1683 wurden auf Anordnung des Großen Kurfürsten das Domkapitelarchiv und der Domschatz verzeichnet; dabei nahm man allerdings die Stücke aus, die sich im Kirchenraum in ständigem gottesdienstlichen Gebrauch befanden. Ziel war offensichtlich, eine Auswahlliste für den Abzug kostbarer Stücke in die Berliner Sammlungen zu erhalten. Heute befinden sich dort die wertvollsten von ehemals mehr als 30 liturgischen Handschriften, darunter ein von Bischof Milo gestiftetes Evangeliar des 10. Jahrhunderts, ein Sakramentar, ein Evangelistar und ein Hymnar des 11. Jahrhunderts, die zu den Sigebert-Handschriften gehören (teils in der Deutschen Staatsbibliothek Berlin, teils in der Staatsbibliothek Preußischer Kulturbesitz in Berlin, auch die Herzog-August-Bibliothek in Wolfenbüttel besitzt zwei Mindener Handschriften). In das Kunstgewerbemuseum Berlin sind eine Bischofsmitra aus der Zeit um 1400 und eine Chormantelschließe des Reinhard van Dressche von 1484 gelangt. Manches hat man vor einer Verschleppung zu retten versucht, indem man es in kritischen Zeiten verbarg: So wurde in den 1860er Jahren ein Teil des Domschatzes, der im Westteil des Kreuzganges versteckt worden war, wiedergefunden, darunter auch das Kapitelkreuz, eines der Hauptsymbole des Bistums.
Bezugspunkt all dessen war das liturgische Leben, die gottesdienstliche Feier. Der Domherr Hermann Tribbe schildert für das 15. Jahrhundert die Vielfalt der Feste und Formen mit den verschiedenen Ordnungen des Vollzuges, von den Gesängen, Prozessionen und Lichtern bis zum Glockengeläut. Zu den höchsten Festen des Jahres gleichrangig mit Ostern, Pfingsten und Weihnachten zählten die Feste der Heiligen Petrus und Paulus und des Heiligen Gorgonius. Zeugnisse eigener kirchlicher Lebensformen sind auch die noch kurz vor der Reformation in bedeutenden Offizinen erschienenen Drucke des ,,Mindener Meßbuches" (Georg Stuchs, Nürnberg 1513), des ,,Mindener Breviers" (Johannes Schöffer, Mainz 1516, Erstausgabe Nürnberg 1491) und der ,,Mindener Agende" (Melchior Lotter, Leipzig 1522). Der Kult bestand in der alten Weise bis zur Aufhebung des Domkapitels fort: Täglich ein feierliches Leviten-Choramt, dreimal am Tage Chorgebet, besondere Zeremonien bei der Neueinführung eines Domkapitulars und eines Domvikars und natürlich die volle liturgische Entfaltung bei den Festtagsgottesdiensten. So bewahrte der Mindener Dom in der kultischen Hervorhebung bis zum Beginn des 19. Jahrhunderts noch einen Nachglanz einstigen Ranges, den daneben unübersehbar das Bauwerk selbst bezeugt.
Denkwürdig erscheint in diesem Zusammenhang auch eine eigentümliche Auszeichnung der Mindener Bischöfe: das sogenannte ,,Rationale". Dies war ein Schmuckteil der Pontifikalkleidung, das im Mittelalter bei feierlichen Gottesdiensten getragen wurde, ein Schulterkragen aus kostbaren Stoffen mit Edelsteinen besetzt. Die Bildnisminiatur Bischof Sigeberts zeigt die älteste Darstellung des Rationale in Deutschland. In Minden haben es die Bischöfe vom 11. bis ins 14. Jahrhundert getragen. Die Würde des bischöflichen Amtes und die Geltung der Mindener Kirche wurden dadurch unterstrichen.
Überschaut man die Epochengeschichte des Domes, so ist er in seiner kirchlichen Funktion von 800 bis 1648 Bischofskirche gewesen; von 1648 bis 1811, als das Domkapitel aufgelöst wurde, war er domkapitularische Stiftskirche. Seit 1811 ist er ganz Dompfarrkirche. Auch hier gibt es eine Kontinuität: Schon seit 1535 diente der Dom zugleich einer kleinen katholischen Gemeinde als Pfarrkirche; die Pfarrseelsorge nahmen nach der Säkularisierung des Bistums zwei Ordensleute wahr, seit 1716 Benediktiner aus dem Mindener Mauritiuskloster. Die Überleitung in eine Pfarrei des Bistums Paderborn 1821 wurde vom letzten Propst des Mindener Domkapitels, Kaspar Max von Droste-Vischering, später Bischof von Münster, eifrig unterstützt. Seitdem ist bereits wieder eine eigene Pfarrtradition entstanden. Dennoch schließt das Selbstverständnis der Gemeinde immer auch noch die Geschichte des Bistums mit ein. Der Mindener Dom, wiedererstanden aus der Zerstörung des Zweiten Weltkrieges, ist ein Zeichen der Identität nicht nur für die Mindener Katholiken, er ist es für Minden schlechthin. Auch die neueingerichtete Domschatzkammer macht mit ihren Kunstwerken deutlich, daß die geistige Ausstrahlung einer bedeutenden Vergangenheit noch nicht erloschen ist.

# Zeittafel zur Geschichte des Bistums und des Domes

798 Erste Nennung Mindens in den Jahrbüchern des fränkischen Reiches als „Minda". Karl der Große schlägt hier ein Lager auf.

Um 800 Karl der Große gründet das Bistum Minden als eines von acht Bistümern, mit denen die Missionierung der Sachsen abgeschlossen wird. Erster Bischof ist Erkanbert (bis 813 oder 819). Patron der Bischofskirche und des Bistums ist der Hl. Petrus.

853 Ludwig der Deutsche hält in Minden einen allgemeinen Gerichtstag.

880 Bischof Dietrich I. (seit 853) fällt mit dem Bischof von Hildesheim und Herzog Bruno von Sachsen im Kampf gegen die Normannen, die das nördliche Sachsen verwüsten. Sein Nachfolger Wolfer (880–886) wird gleichfalls von den Normannen getötet.

913–950 Durch die Bischöfe Liuthar (913–927) und Ebergis (927–950), gleichzeitig Äbte des Benediktinerklosters Lorsch, Beziehung zum Benediktinerkloster Gorze in Lothringen, das dem Dom Reliquien des Hl. Gorgonius überläßt.

952 Domweihe unter Bischof Helmward (950–958) überliefert. Patrone des Domes: die Heiligen Gorgonius, Laurentius und Alexander.

962 Bischof Landwart (958–969) begleitet König Otto I. zu seiner Kaiserkrönung nach Italien.

977 Die Mindener Kirche erhält zu der bereits 961 gewährten Immunität von Otto II. die Königsrechte: Königsbann, Zoll, Münze, Marktgerechtigkeit.

1022–1036 Bischof Sigebert. Zu seiner Zeit residiert zweimal König Konrad II. in Minden, zu Weihnachten 1014 und 1033. Sigebert stiftet mehrere wertvolle liturgische Handschriften.

1048–1053 Mehrere Aufenthalte Kaiser Heinrichs III. in Minden zur Zeit des Bischofs Bruno (1036–1055), und zwar 1048, 1049, 1051 und 1053.

1055/1056 Bischof Eilbert (1055–1080) stellt sich unter den Schutz Herzog Bernhards II. von Sachsen. Anlehnung an die herzogliche Gewalt, weil der größte Teil des Bistums im Kerngebiet des sächsischen Herzogs liegt.

1062 Während der Anwesenheit König Heinrichs IV. bricht ein Brand aus, dem auch der Dom zum Opfer fällt.

1071 Weihe des wiedererrichteten Domes durch Bischof Eilbert.

1080–1120 Zwistigkeiten im Zusammenhang mit den Spannungen zwischen Reichs- und Kirchenpolitik. Gegenbischöfe.

1120–1140 Bischof Sigeward. Er steht bei Kaiser Lothar von Supplinburg in hoher Achtung, mehrere Reisen mit ihm oder in seinem Auftrag. Erbauer der Kirche von Idensen östlich der Weser.

1168 Am 1. Februar wird Herzog Heinrich der Löwe im Dom mit Mathilde, Tochter Heinrichs II. von England, vermählt.

1180 Kritische Lage nach Absetzung Heinrichs des Löwen durch Übergriffe des Kirchenvogtes.

1230 Eingreifen eines päpstlichen Visitators. Konsolidierung der Verhältnisse unter den Bischöfen Wilhelm von Diepholz (1237–1242) und Johann von Diepholz (1242–1253).

13. Jh. Umfassender Neubau des Domes: etwa 1210–30 Querschiff und Chor, nach 1250 bis etwa 1290 Langhaus. Erstarken der Stadt, Befestigung.

1306 Der Bischof zieht sich in die neu errichtete Residenz Petershagen zurück.

1348 Dem Domkapitel wird der Mitbesitz an allen Stiftsbesitzungen zuerkannt.

1397 Der letzte Edelvogt vom Berge, Bischof Otto III., übergibt die Herrschaft zum Berge: Abrundung des Herrschaftsgebietes, Landgewinn östlich der Weser.

1405–1408 „Mindener Schicht", demokratischer Aufstand mit dem Ziel, die Handwerker an der Stadtregierung zu beteiligen.

1406–1437 Bischof Wulbrand von Hallermund, ein streitbarer Landesherr, der in zahlreiche Fehden verwickelt ist. Unter seinem Koadjutor Albert von Hoya weitere Kämpfe, namentlich mit Osnabrück.

1436–1473 Bischof Albert von Hoya. Die inneren und äußeren Verhältnisse des Bistums werden zusehends zerrüttet.

1451 Visitation durch den Kardinallegaten Nicolaus von Cues, der Anordnungen zur Erneuerung des kirchlichen Lebens trifft.

1484 Pest in Minden.

1491 Erstausgabe des „Mindener Breviers", gedruckt in Nürnberg.

1513 Georg Stuchs in Nürnberg druckt das „Mindener Meßbuch", Missale ecclesie Mindensis.

1521–1529 Eindringen der Reformation, die sich ausbreitet. Geistliche und Mönche werden vertrieben.

1530–1553 Bischof Franz von Waldeck, der gleichzeitig Bischof von Münster und Osnabrück ist. 1535 schließt er mit dem Rat der Stadt Minden einen Vergleich: Dem Domkapitel wird die Ausübung des katholischen Gottesdienstes zugesichert; die übrigen Kirchen bleiben lutherisch. Die Protestantisierung des Landes schreitet unter den folgenden Bischöfen fort. Nur das Domkapitel hält an der katholischen Konfession fest.

1567–1582 Bischof Hermann von Schaumburg. Um die päpstliche Bestätigung zu erlangen, legt er zwar das katholische Glaubensbekenntnis ab, regiert aber ganz als protestantischer Fürst.

1625 General Tilly besetzt mit kaiserlichen Truppen die Stadt.

1634 Die Schweden besetzen die Stadt nach der Schlacht bei Hessisch Oldendorf.

1633–1648 Bischof Franz von Wartenberg, gleichzeitig Bischof von Osnabrück (seit 1625). Seine gegenreformatorischen Bemühungen bleiben erfolglos. Letzter Bischof von Minden.

1648 Durch den Westfälischen Frieden wird das Bistum Minden säkularisiert. Es fällt zusammen mit der Grafschaft Ravensberg an Brandenburg und teilt damit das Schicksal der Bistümer Halberstadt, Magdeburg und Kammin. Das Domkapitel besteht weiter und übernimmt zum Teil die kirchlichen Funktionen des Bischofs. Der Dom dient gleichzeitig einer kleinen katholischen Gemeinde als Pfarrkirche.

1650 Am 22./23. Februar nimmt Kurfürst Friedrich Wilhelm von Brandenburg im Schloß Petershagen, vormals Residenz der Fürstbischöfe von Minden, die Huldigung der Stände und der Stadt Minden entgegen.

1709 Minden wird kirchlich dem Apostolischen Vikariat der nordischen Mission zugeteilt.

1719 Vereinigung des Fürstentums Minden mit der Grafschaft Ravensberg.

1723 Preußische Verwaltungsreform: In die Kriegs- und Domänenkammer Minden werden auch Tecklenburg und Lingen einbezogen, neues Stadtreglement.

1763 Friedrich der Große läßt die Festungswerke schleifen.

1807 Im Königreich Westfalen bildet das Fürstentum Minden ein eigenes Arondissement.

1810 Die links der Weser liegenden Teile des Fürstentums Minden kommen als Teil des Departements Ober-Ems zum französischen Kaiserreich.

1811 Aufhebung des Domkapitels.

1816 Nach Rückgewinnung des Landes durch Preußen wird der Regierungsbezirk Minden gebildet und die Stadt zur Festung ausgebaut. Ihr Charakter als reine Garnison- und Verwaltungsstadt hemmt die Entwicklung.

1821 Durch die päpstliche Bulle „de salute animarum" wird Minden dem Bistum Paderborn zugeordnet. Fortan ist der Dom nur noch Pfarrkirche der Domgemeinde, der Dompropst ihr Pfarrer.

1830–1832 Renovierung des Domes im Geiste des Klassizismus.

1859 Der Dom wird zur Propsteikirche erhoben.

1941 Im Zuge der beendeten Restaurierung des Domes wird erstmals im nördlichen Sakristeianbau eine Schatzkammer eingerichtet.

1944 Am 6. Dezember alliierter Bombenangriff. Schwere Beschädigungen am Dom.

1945 Am 28. März alliierter Bombenangriff, bei dem Altstadt, Rathaus und Dom weitgehend zerstört werden.

1946 Gründung des Dombauvereins.

1948–1956 Wiederaufbau des Domes.

1951 Wiedereinrichtung der Domschatzkammer im Westwerk des Domes.

1957 Am 29. Juni Neuweihe des Domes durch Erzbischof Lorenz Jäger von Paderborn.

1980 Die Domschatzkammer wird im Haus am Dom in neugestalteter Form wiedereröffnet.

# Zur Baugeschichte des Domes

Um die Vorgängerbauten der heutigen Mindener Kirche zu bestimmen, wurden nach den schweren Zerstörungen im Zweiten Weltkrieg umfangreiche Grabungen und Untersuchungen des erhaltenen Mauerwerks durchgeführt. Die Arbeiten nahm als wissenschaftlicher Leiter Hans Thümmler vor, der die Ergebnisse in mehreren zusammenfassenden Aufsätzen publizierte. Diese bilden die Grundlage jeder Beschäftigung mit der Baugeschichte des Domes.

Der Gründungsbau lag im Bereich der heutigen Vierung und des Mittelschiffes. Dieser wohl innen flachgedeckte Steinbau war eine Saalkirche in der Breite des heutigen Mittelschiffes mit einem eingezogenen Chor, der mit seinem Grundriß das jetzige Vierungsquadrat ausfüllen würde. Die Lage des Westabschlusses konnte nicht ermittelt werden. Die nördlichen und südlichen Saalmauern werden nur unter den sehr breiten Pfeilerfundamentzügen des Nachfolgebaues vermutet. Doch würde sich die Form der Anlage mit dem stark eingeschnürten Chor, dessen Öffnung sich zum Saal hin in der Breite stark reduziert, gut in eine frühe Schicht westfälischer, nach der Sachsenmission erbauter Kirchen des beginnenden 9. Jahrhunderts einfügen.

Teile dieser Gründungsanlage fielen 947 wohl einem Brand zum Opfer. Das danach neuerrichtete Gebäude übernahm den alten Chor. An diesen schloß sich nun eine dreischiffige, flachgedeckte Basilika an mit sehr schmalen korridorartigen Seitenschiffen (Breitenverhältnis zum Mittelschiff wie 1:4). Das Langhaus ist durch Fundamente, die z. B. im Hauptschiff 2,40 m Stärke erreichten, oder durch deren mit Bauschutt aufgefüllten Ausbruchgruben nachweisbar. Das Aussehen der Ostabschlüsse der Seitenschiffe ist nicht voll geklärt. Aufgrund fehlender Fundamente der Ostwand und der Rekonstruktion der durch Schwibbögen abgetrennten Ostjoche mit Hilfe eines Befundes auf der Nordseite nimmt man zur Ostseite hin geöffnete Räume an – eine nur schwer vorstellbare Lösung.

Mit den Banketten der Basilika standen die auch auf sie ausgerichteten Fundamente des Westbaues in Verbindung. Vor allem dieses Westwerk macht die überregionale Bedeutung der frühen Mindener Bischofskirche aus. Zu seiner Rekonstruktion trug neben den Bodenbefunden besonders die bestehende innere Westwand des heutigen Baues bei, die ehemals auch als Wand des Westwerks diente. Dessen Aufbau bestimmten zwei Geschosse. In der Mitte des Untergeschosses befand sich eine dreischiffige, dreijochige Pfeilerhalle. Die Höhe ihrer Gewölbe läßt sich anhand erhaltener Pfeilervorlagen und Gewölbereste auf 7 m festlegen. Zudem konnten die Schildbögen der noch vorhandenen Mauer an ihren Ansatzstellen nachgewiesen werden. Die Halle wurde im Norden und im Süden von zwei Nebenräumen begleitet, die mit den Seitenschiffen fluchteten wie die Halle mit dem Mittelschiff der Basilika. Im Westen schlossen sich zwei in ihrer Substanz gleichermaßen noch existierende Türme an. In Baunähten ist deren Breite in der heutigen äußeren Westwand noch festzustellen. Diese Türme flankierten im Untergeschoß eine offene, tonnengewölbte Vorhalle, deren zurückgesetztes Portal mit schräg laufendem inneren Plattengewände ebenso überliefert ist. Im Obergeschoß des Westwerkes konnte eine Emporenanlage rekonstruiert werden, die den Bereich von Pfeilerhalle und Vorhalle überspannte. Die Ostwand öffnete sich zum Langhaus hin. Der Westteil war über der Vorhalle wiederum in zwei Geschossen angelegt, da im Südturm (Treppenturm) zwei übereinanderliegende Türen und in der Westwand zur Beleuchtung zwei Reihen mit je drei Fenstern festgestellt wurden. Die halbrunden Abschlußbögen der Fenster blieben teilweise erhalten. In der Nord- und Südwand hingegen soll nur ein Geschoß bestanden haben, da Nachweise weiterer Zugänge fehlen. Der Nordturm besaß keine durchgehende Treppe, sondern war in mehrere Etagen unterteilt und bot so Zutritt zu den einzelnen Stockwerken eines sich an die Domkirche anfügenden Palastes. Überbaut wurde das mittlere Quadrum von Pfeilerhalle und Empore wohl von einem großen Turm, dessen Dachgeschoßhöhe Dachansätze seitlich an den Türmen festlegen.

Die Rekonstruktion dieses Westwerkes wird auch durch die Ähnlichkeit mit dem 885 geweihten, besser überlieferten Westabschluß der Abteikirche Corvey begründet. Zweigeschossigkeit mit Pfeilerhalle und Empore im Innern und Dreiturmanlage im Äußeren treten dort ebenso auf, wenn auch Minden mit der Doppelempore nur auf der Westseite schon eine reduzierte Form des in Corvey voll ausgebildeten Typus darstellt. Minden folgt Corvey nämlich mit ca. 70 Jahren Abstand: Für 952 ist durch Bischof Helmward eine Domweihe belegt, bei der Gebeine des Heiligen Gorgonius aus Kloster Gorze/Lothringen nach Minden gebracht wurden. Es ist anzunehmen, daß es sich um die Weihe des Neubaues handelt.

Das Westwerk des Mindener Domes ist ein seltenes Beispiel für den Nachweis dieser Bauform auch im aufgehenden Mauerwerk. Aus dem Grundriß zu erschließen sind z. B. die karolingischen Westwerke der Kathedrale von Reims und der Dome von Halberstadt und Hildesheim, die zu strittigen Diskussionen Anlaß bieten. Gleichermaßen kontrovers zeigt sich die Frage nach Ursprung und Zweckbestimmung dieser Bauteile, deren ältestes Beispiel wohl mit der Abteikirche Lorsch (geweiht 774) vorliegt. Nachweisbar wurden Westwerke z. B. für liturgische Zwecke (Prozessionen) genutzt. Eine Funktion als Verteidigungsbau wurde ebenso befürwortet wie als Entstehungsursachen symbolische oder soziale Bedeutungen (Widerspiegelung von Engelshierarchien oder der „Schichtungen mittelalterlicher Gesellschaft"). Vieles spricht für eine Verwendung als Kaiserkirchen, in denen die Herrscher dem Gottesdienst beiwohnten. Dies setzt natürlich Besuche eines Herrschers am betreffenden Ort voraus, welche für Minden ja nachweisbar sind. Jedoch wird man mit der Feststellung einer ausschließlichen Zweckbestimmung dem Westwerk in seinen sich in der ottonischen und salischen Zeit noch weiterentwickelnden Formen sicherlich nicht gerecht werden.

Die nächste Bauänderung in Minden verursachte wieder ein Brand, der bei einem Aufenthalt König Heinrichs IV. in der Stadt 1062 den Dom beschädigte und anscheinend besonders den Chor aus dem 9. Jahrhundert betraf. An dessen Stelle ließ Bischof Eilbert wohl bis 1071 (Weihedatum) ein innerhalb der heutigen Mauern liegendes Querschiff mit dreiseitig geschlossenem Chor

*Blick in das INNERE DES DOMES 1819, Lithographie nach M. C. Gregorovius und Simon Quaglio*

errichten. In der Außenwand des Chorscheitels befand sich eine Nische, vielleicht Indiz für eine Außenkrypta. Die Fundamente davon wurden ergraben, wie auch im Querschiff vor dem Chor zwei zugehörige Bischofsgräber, aus deren Grabbeigaben (Kelch und Patene) sich die Datierung dieser Ostbauten in das 11. Jahrhundert ergab. Gleichzeitig erhielt das Westwerk eine in drei Pfeilerarkaden geöffnete eingeschossige Vorhalle.
Die entscheidende Veränderung des Westwerkes, die auch heute noch dessen Erscheinungsbild prägt, erfolgte wohl in der Mitte des 12. Jahrhunderts. Die Pfeilerhalle und die Empore gab man mit ihren Nebenräumen auf und reduzierte den Westbau auf einen Riegel in der Tiefe der seitlichen Türme. Dieser wurde durch ein Glockenhaus überhöht und zugleich auch die Vorhalle um ein Geschoß aufgestockt. Der neue innere Westabschluß erhielt eine weite dreibogige Arkade zum Langhaus. Ob nicht mehrfach umgebaut worden ist, ist ungeklärt. Dies war umfassend nur vor dem Zweiten Weltkrieg zu erkennen. Sowohl Kapitelle des 12. als auch des 11. Jahrhunderts fanden im Westriegel Verwendung. Auch gaben die Befunde wohl ebenso keine Auskunft über die mit dem Abbruch notwendige Verlängerung der Basilika. Vorbild für die Neugestaltung war nach einhelliger Meinung der Dom in Hildesheim, bei dem ein Westbau, den man zuvor schon von einem Westwerk auf einen Riegel verkürzt hatte, auf Veranlassung Bischof Hezilos (1054–79) in gleicher Weise wie in Minden mit einem Glockenhaus bekrönt worden war.
Querhaus und Chor des Bischofs Eilbert wurden zu Beginn des 13. Jahrhunderts durch eine monumentale Ostanlage ersetzt, die zum Großteil noch existiert. Sie bestand aus einem Querschiff mit zwei Nebenapsiden und Chorjoch, an das sich eine polygonale Apsis anfügte. Diese besaß einen 5/10 Schluß mit Rippenwölbung, ersichtlich aus Eckdiensten auch an der Ostseite der östlichen Chorquadratpfeiler und aus in einem speziellen Winkel ausgerichteten Kapitellen und Kämpfern am südlichen Pfeiler. Die untere Innenseite des Polygons öffnete sich in einem Laufgang, die obere Außenseite in einer Zwerggalerie, wie Mauerdurchgänge in zwei Geschossen des Chorquadrats nach Osten erkennen lassen. Von der in Westfalen einzigartigen Zwerggalerie fanden sich gekuppelte Kapitelle in Pfeilerverfüllungen. Ergänzt man das äußere Bild dieser polygonalen Apsis durch Ecklisenen mit Rundbogenfriesen, so ergibt sich ein dem Nordquerhauspolygon des Bonner Münsters ähnliches Aussehen. Rheinische Vergleichsbeispiele – auch zum inneren Aufriß des Chorquadrats – und der Westbau des Domes in Münster legen eine Datierung der Mindener Ostteile um 1210/30 nahe.

Diese Teile plante man durch ein neues romanisches Langhaus zu ergänzen. Davon blieben im Boden romanische Pfeilersockel mit verfüllten Kapitell- und Rippenstücken übrig, letztere mit Zierscheiben. Als Grundlage wollte man die Bankette des 10. Jahrhunderts wiederbenutzen, die zu diesem Zweck nur angestückt wurden. Daß hier eine Basilika geplant war, bewies im Querhaus ein vermauertes Westfenster, dessen niedrige Lage nicht auf eine Halle hätte Rücksicht nehmen können.
Die Gründe für die Aufgabe dieses Bauvorhabens sind nicht bekannt. Das stattdessen errichtete Hallenlanghaus, eingesetzt zwischen Westwerk und Querhaus, bedeutete einen Bruch mit der bisherigen Mindener Bautradition. Ob der Bauvorgang zeitlich unterbrochen war oder sich nach der Mitte des 13. Jahrhunderts fast nahtlos fortsetzte, scheint nicht genau festlegbar. Jedenfalls wird für die Halle eine Bauzeit zwischen 1267 und 1290 in Anspruch genommen. Am 23.8.1267 erteilte Papst Clemens IV. einen Ablaß zugunsten des Mindener Dombaues und gemäß einer Überlieferung soll 1290 die Weihe stattgefunden haben. Jedoch braucht der Ablaß sich nicht notwendigerweise auf einen Baubeginn zu beziehen. Nur paßt dieses Datum gut in ein chronologisches Gerüst, welches den Paderborner Dom als Vorbild des Mindener Domes ansieht und eine Wanderung der Bauhütte von Paderborn nach Minden annimmt. In diesem Zusammenhang wurden auch an beiden Orten nachweisbare Steinmetzzeichen als Verbindungsindiz gewertet, wohl kaum überzeugend, da auch weit verbreitete nicht individuelle Zeichen wie Kreuze oder Winkel vorkommen.
Vielleicht bedingte eine ungenügende Fundamentierung schon hundert Jahre nach Errichtung der Ostteile eine Neuaufführung der Apsis in ihrer heutigen Form. Die Erbauung wird mit einem 1341 in Avignon gegebenen päpstlichen Ablaß verknüpft, der durch Bischof Ludwig bestätigt wurde. Abgesehen von geringen Änderungen bewahrte die Mindener Domkirche den Zustand des 14. Jahrhunderts bis 1945. Erst in den letzten Tagen des Krieges erlitt sie die schwersten Zerstörungen, die katastrophale Ausmaße hatten. Die gotische Chorapsis, alle Dächer und Langhausgewölbe sowie ein Großteil der Pfeiler fielen den Bomben zum Opfer. Erhalten blieben: Der ausgebrannte Westbau mit einer Mauer des Glockengeschosses, die Außenmauern des Langhauses, das Querschiff mit Gewölben, die Seitenwände des Chorquadrates und der nordwestliche Choranbau. Um so mehr ist es hervorzuheben, daß ein vollständiger und getreuer Wiederaufbau, der sich nur geringfügig vom Vorkriegszustand unterscheidet, veranlaßt wurde. Mit der Wiedererrichtung wurde an Westbau und Chor begonnen, in den Jahren 1953–57 auch das Hallenlanghaus aufgeführt und besonders gesichert. Die nicht zu rekonstruierende Bauornamentik wurde durch neue Entwürfe ersetzt. So stammen die Kapitelle der vier östlichen Langhauspfeiler, die der Arkaden in der östlichen Mauer des Glockenhauses und mehrere Langhausschlußsteine von den Bildhauern Karl Ehlers und Hans Mettel. Auch konnten Verfälschungen der Jahrhunderte, wie die Vermauerung von Arkaden in der Vorhalle und der inneren Ostwand des Westriegels, rückgängig gemacht werden. Nach der Wiederherstellung bietet der Mindener Dom in wenig geschmälertem Eindruck wieder sein mittelalterliches Raumbild dar.

## Baumotive des bestehenden Domes und ihre Geschichte

Der heutige Dom gliedert sich in vier Hauptteile, die sein Erscheinungsbild entscheidend prägen: Den Westriegel aus der Zeit der frühen und hohen Romanik, das hochgotische Langhaus, Querhaus und Chorjoch der Spätromanik und den Chorschluß aus den Jahren der beginnenden Spätgotik.
Die Westseite der Kirche wendet sich zum Hauptzentrum der Stadt, zu Rathaus und Markt. Glatt, in kubischen Formen, hoch aufgerichtet, ist sie einem Wehrbau vergleichbar. Sie besteht aus den niedrigeren seitlichen Türmen und dem überhöhten Glokkengeschoß in der Mitte, welches noch durch einen Dachreiter zusätzlich betont wird. Dem Mittelteil vorgesetzt liegt die zweigeschossige Vorhalle, die sich dem Platz – an Stelle eines gotischen Portals vor dem Krieg – wieder in drei Arkaden öffnet. Zum blockhaften Eindruck der Bauformen tragen neben den geschlossenen Wandflächen die vier Satteldächer auf Westriegel und Vorhalle bei. Nur wenige Fenster lockern die Fassade auf: Die wiederhergestellte Folge der Arkaden im Obergeschoß der Vorhalle, fünf durch Säulen geteilte Arkaden in Höhe des obersten Geschosses der seitlichen Türme und eine Reihe von sieben Säulenstellungen im Glockengeschoß. Verunklärt wird die Fassade einzig durch mehrere im Westen, Süden und Norden angesetzte Stützpfeiler, die aus späterer Zeit als die übrigen Teile des Riegels stammen, denn sie heben sich im Steinmaterial deutlich ab. Sie waren schon im Mittelalter notwendig, um einen nach Westen auftretenden Schub des Baues abzufangen.
Die Form des Westriegels als Abschluß steht nicht isoliert in der Architektur, wie der Hinweis auf den vorbildhaften Dom zu Hildesheim schon besagte. Doch scheint es merkwürdig, daß der Mindener Dom diese spezielle Form erst im 12. Jahrhundert aufgreift, während eine große Anzahl derartiger, trotz ihrer geringen Tiefe imposanten Bauteile in Niedersachsen schon im 11. Jahrhundert nachzuweisen ist. Dazu gehören z. B. die Riegel der 1819 abgebrochenen Goslarer Stiftskirche St. Simon und Juda (Weihe 1050) mit seitlichen Türmen und Vorhalle und – in deren Nachfolge – der Stiftskirche in Bad Gandersheim. So sind demnach Tendenzen zu einer tiefenmäßigen Reduktion in dieser Zeit festzustellen, wenn auch einzugestehen ist, daß die Westriegel ebenso noch im 12. Jahrhundert auftreten (z. B. an den Pfarrkirchen St. Jakobi und St. Cosmas und Damian in Goslar).
Von den Detailgliedern wirken in Minden vier Kapitelle interessant, die angeblich in Zweitverwendung für Säulen der beiden Fassadengeschosse auf der Westseite benutzt wurden. Jene entstammen wohl dem 11. Jahrhundert, zeigen akanthisierende Formen, teilweise mit Masken, und lassen sich entfernt als vergröberte Abkömmlinge von Kapitellen bezeichnen, wie sie für das 9. Jahrhundert im Westwerk der Klosterkirche Corvey vorkommen.
Im Innern erschließen heute drei Zugänge den Westbau. Im Südturm befindet sich eine Tür zu einem Treppenaufgang, im Nordturm ein rundbogiges, abgestuftes Portal, welches zur kuppelig gewölbten Pietàkapelle führt. Im Mittelteil liegt unter einer hohen

Dreierarkade das Hauptportal, gerahmt von Pfeilerresten der Westwerkuntergeschoßhalle des 10. Jahrhunderts.
Gegensätzlich zur blockhaften Erscheinung des Westabschlusses baut sich das vielgliedrig aufgelöste Langhaus auf. In drei Schiffen reihen sich vier Joche zwischen Riegel und Querhaus, durch Pfeiler geteilt und von Gewölben bedeckt. Im Grundriß bilden drei Mittelschiffsjoche jeweils nahezu ein Quadrat. Sie werden von je zwei längsrechteckigen gleichhohen Seitenschiffsjochen begleitet. Auch die Kombination dieser Grundrißformen gab Anlaß, das Langhaus des Mindener Domes an den Beginn einer Reihe westfälischer Hallenkirchen des 13./14. Jahrhunderts zu stellen. Der Grundriß ist aber nicht regelmäßig. Die südliche Pfeilerfolge und die Wand des südlichen Seitenschiffes nehmen nach Westen hin einen immer weiter nach Süden versetzten Verlauf, so daß die westlichen Joche größer werden als das östliche Joch. Gründe für diese Gestaltung wurden im Bemühen um einen perspektivischen Aufbau des Langhauses gesehen, ein Motiv, das für das 13. Jahrhundert noch nicht akzeptabel ist. Sicher liegen hier praktische Bedingungen vor, die der Bauvorgang erklären könnte, wie z. B. die Benutzung älterer Fundamente oder das Anpassen des Neubaues an Westbau, Querhaus und Kreuzgang. Diese Voraussetzungen könnten vielleicht auch teilweise für die Grundrißproportionen verantwortlich gemacht werden, denn, da die älteren Mittelschiffspfeilerfundamente benutzt wurden und die Breite des Mittelschiffes durch die Vierung vorgegeben war, hätten sich z. B. quadratische Seitenschiffsjoche nur ergeben, wenn sie die Breite eines Querhausflügels erreicht hätten. Das Querhaus wäre dann nicht mehr seitlich vorgesprungen.
Die zweite Unregelmäßigkeit des Hallenlanghauses zeigt sein westliches Joch, das nur sehr schmal ausgebildet ist. Hierfür wurden wiederum verschiedene Ursachen angeführt. Nimmt man keine Erklärung der Entstehung des Schmaljoches aus einem von Osten nach Westen verlaufenden Bauverlauf heraus an, das Schmaljoch demnach als ein „Restjoch", so erscheint es zunächst akezptabel, das Schmaljoch als eine Art Polster gegen den instabilen Westbau anzusehen, da die hier sehr steilen Bögen vom Langhaus her nur wenig Schub in der Horizontalen ausüben sollen. Doch deuten an der Westwand die nicht bis zum Boden geführten, sondern auf Konsolen abgesetzten Dienste auf eine weitere Möglichkeit. Wie die abgekragten Dienste an den Westseiten der Vierungspfeiler sicher auf darunter befindliche Altäre Rücksicht nahmen – die Fresken des südlichen Pfeilers beweisen es – so geschah es im Westen vielleicht für eine Empore, die dort das Joch ausgefüllt hätte.
Den Eindruck des Vertikalaufbaues der Halle bestimmen zunächst die nicht sehr hohen Pfeiler, die mit der herabgezogenen Kämpferzone fast gedrungen wirken. Um dennoch eine große Höhe des Raumes zu erzielen, mußte eine Stelzung aller Gewölbebögen vorgenommen werden. Extrem zeigt sich dies in den Seitenschiffen auf Grund ihrer nur schmalen Ausdehnung und ihrer Höhe, die der des Mittelschiffes gleichkommt. Vierteilige Kreuzrippengewölbe überspannen die Joche. Die Gewölbe sind heute mit Busung gemauert – ihr Scheitelpunkt liegt höher als der der Scheid-, Schild-, oder Gurtbögen – was vor 1945 nicht der Fall gewesen sein soll, obwohl jene als kuppelig ansteigend beschrieben wurden. Die mehrfach profilierten Rippen sind als reale konstruktive Träger des Gewölbes aufgefaßt und keineswegs nur als schmückende Unterzüge zu verstehen. Sie nehmen wie die übrigen ebenso in Profilen differenzierten Langhausbögen von den Pfeilern ihren Ausgang.
Die Pfeilerorganisation des Mittelschiffes erscheint als hervorstechendes Merkmal der Halle. Vor den Pfeilerkern sind vier Dienste für Gurt- und Scheidbögen gestellt, in den Diagonalen dazu vier dünnere Dienste für die Gewölberippen. Somit ergibt sich ein Wechsel von acht Diensten, deren Kämpfer und Kapitelle durch skulptierte Zwischenstücke – wie ähnlich an den Pfeilersockeln – zu einer geschlossenen Zone verschmelzen. Für diese Gestaltung können mehrere Quellen verantwortlich sein. Einerseits liegt ihr zugrunde der „kantonierte" Pfeiler der Kathedrale von Reims (einer Basilika) mit zylindrischem Pfeilerkern und auf vier Seiten vorgesetzten Diensten. Diese Form wurde dann in der Elisabethkirche zu Marburg für eine Hallenkirche angewandt. Andererseits zeigen die kreuzförmigen Pfeiler des Paderborner Domlanghauses schon Dienste auch in den Winkeln. Die frühe Kombination dieser beiden Bauweisen gilt als Besonderheit des Mindener Domes.
Zudem sind die Fensteröffnungen der Halle hervorragend. Das Schmaljoch wird heute zwar im Süden nur durch ein schlichtes Maßwerkfenster (zwei Lanzetten und darüber ein Kreis) beleuchtet und der Nordwand wurde ein gleiches Fenster nur vorgeblendet, um auf dahinter anschließende Gebäude Rücksicht zu nehmen. In den größeren Jochen jedoch bringen die die Wand bis zu den Schildbögen fast auflösenden weitgespannten Fenster das volle Licht von beiden Seiten. Die Fenster sind darauf angelegt, die Wände transparent und den Raum hell wirken zu lassen. Die besondere Bedeutung der sechs Fenster machen die differenzierten Formen ihrer Maßwerke aus. Ein Grundmotiv wird in immer neuen Variationen abgewandelt. Zwei selbständige Fenstereinheiten überschneidet oder bekrönt in einem Fall eine Rose. Dabei treten die verschiedensten Elemente auf: Lanzettfenster und Fenster mit Kleeblattbögen, Aufteilung der Fenster in Zweier- oder Dreierbögen, Sechspässe und Kleeblattbogenpässe, sogar Schachbrettmuster. Die Grundformen jedes eigentlichen Maßwerks sind noch nachzuweisen, denn im mittleren Fenster der Mindener Nordseite erscheint in Verdoppelung das frühe Maßwerk der Chorkapellenfenster der Kathedrale von Reims (zwei Lanzetten mit einem Sechspaß). Die Mindener Rosen sind bereits in leicht veränderter Form an den Kathedralen von Reims, Paris oder Chartres wiederzufinden, doch werden dortige Formen in Minden mit Ideenreichtum variiert, neuartig gekoppelt (z. B. durch Überschneidungen) und mit außergewöhnlichen Motiven verbunden. Dies geschah in einer Art, die in Westfalen nur in entfernten Vorstufen in Herford, Paderborn oder Lippstadt, in Deutschland kaum nachzuweisen ist. „Die Krone des reichen, nachklassischen Stils sind... die Prachtfenster des Domes von Minden" (Behling).
Zur Auflockerung der eher nüchternen, durch abgetreppte Strebepfeiler gegliederten Langhauswände tragen außen neben den Fenstern insgesamt sechs Tabernakel an den Pfeilern bei. Die vier Tabernakel der Südseite wurden in Anlehnung an die nördlichen

*Das INNERE DES DOMES im Zustand vor dem Zweiten Weltkrieg*

nach dem Kriege neugeschaffen. Baldachin, Kleeblattbogenarkaden und zwei Säulen formen jeweils einen Aufbau, der zur Unterbringung einer Figur dient. Drei Figuren sind noch erhalten. Diese Bereicherung der Langhausstützen findet ihren Ursprung an der Kathedrale von Reims, die damit in Minden und am Dom zu Halberstadt vorbildlich gewirkt haben soll.

Das einzige Portal des Langhauses liegt heute in der Südseite des westlichen Schmaljoches. Ehemals benutzte man als Zugang vom Kreuzgang ein Portal im Joch daneben, wo noch im Innern eine sich verjüngende, vermauerte Nische die ursprüngliche Lage anzeigt. Das Jungfrauenportal – seinen Namen erhielt es vom Skulpturenschmuck – ist ein Stufenportal mit eingestellten Säulen, Archivolten und einem Kleeblattbogen im Tympanon. Dieser Bogen erweist sich als charakteristisch, denn er verbindet das Portal mit einer Reihe von Arbeiten gleicher Bauart, z. B. mit dem Nordportal der wohl bis ca. 1260 errichteten Stiftskirche St. Marien in Lippstadt.

Das Hallenlanghaus war Vorbild für eine große Anzahl von Kirchen. Gleichartige Raumproportionen, Maßwerkfenster oder Pfeilerorganisation besitzen auch spätere Bauten wie St. Marien in Lemgo, St. Marien zu Osnabrück, die Stiftskirche zu Herford u. a. m., die einzelne Merkmale aus Minden übernommen haben. Bisweilen werden die Verbindungspunkte bis nach Mühlhausen/Thüringen (St. Blasius) oder Braunschweig (St. Aegidien) gesucht. Ein Nachfolger der Maßwerkfenster schmückt die Westfassade von St. Katharinen in Braunschweig. Auf jeden Fall spiegelt sich im Nachweis der Abhängigkeiten die Bedeutung, die der Halle zukommt, und ihre hohe Bewertung, die Georg Dehio zu dem in Minden mittlerweile geflügelten Wort hinriß, unter den deutschen Hallenkirchen des 13. Jahrhunderts gebühre dem Mindener Dom die Siegespalme.

Die Ostteile des Domes erlangten weniger Beachtung als das Langhaus, obwohl jene in der Qualität keinesfalls stark zurückstehen. Das gegenüber der Breite des Langhauses vorspringende Querhaus besteht aus drei gleichgroßen, quadratischen Jochen. Ihre Gewölbe sind ringförmig, kuppelig ansteigend gemauert und mit acht (in Vierung und Südquerhaus) bzw. vier Rippen (im Nordquerhaus) dekorativ unterlegt. Ein gleiches Gewölbe befindet sich im nur durch ein Fenster erhellten Chorjoch, dessen Nord- und Südwand besonders reich gestaltet wurden. Hier erhebt sich über vier Blendarkaden ein doppelgeschossiges zweischaliges Wandsystem. Vor Außenwänden bzw. Rundfenster liegen je zwei Laufgänge, die durch mehrfache Bogenstellungen zum Innenraum hin abgetrennt werden. Leitbilder für derartige

*DER DOM 1945, Blick in Richtung Osten*

Wandsysteme erscheinen – wenn auch nur zweigeschossig – in rheinischen, vor allem Kölner Kirchen (vgl. die Ostbauten von St. Aposteln, Groß St. Martin und St. Kunibert), wie auch Anregungen für Einzelmotive, z. B. die in Minden verwandte Stützenform des Pfeilers mit seitlich angefügten Säulchen. Der rheinische Bezug wurde gleichermaßen betont bei den Portalen des romanischen Querhauses, dem Nordportal und dem beschädigten Ostportal im Südquerhaus. Beide sind Stufenportale mit eingestellten Säulen, die in den spitzbogigen Archivolten als Unterzüge fortlaufen. Das Nordportal tritt als selbständiger Baukörper durch eine Rechteckrahmung hervor, die durchgängig in rheinischer Architektur von der ersten Hälfte des 12. bis zur ersten Hälfte des 13. Jahrhunderts nachzuweisen ist. An der Rahmung setzt sich das Kämpferprofil der Gewände fort, das beim Wechsel von Säule zu Pfosten – spezielles Motiv einer Gruppe rheinisch-westfälischer Portale – keine gleichmäßige Winkelung erfährt. Für die Grundrißorganisation der romanischen Ostteile des Mindener Domes (Querschiff mit nach außen geschobenen Nebenapsiden, Chorjoch mit flankierenden Bauten und polygonalem Chorschluß) zeigten sich bisher noch keine genauen Vorbilder. Doch ist der gleiche Aufbau merkwürdigerweise in den erst 1256–75 errichteten Teilen der Abteikirche von Essen-Werden vorhanden, die damit vielleicht ebenso ältere rheinische Bautraditionen widerspiegeln.

Verschiedene Unregelmäßigkeiten belegen die Veränderungen, die Querhaus und Chor im Laufe der Jahrhunderte erlitten haben. Neu eingebrochen wurden – wohl zeitgleich mit der Neuerrichtung der Apsis – die Rose im Nordquerhaus sowie in der ersten Hälfte des 14. Jahrhunderts ein Maßwerkfenster in der Ostwand des Südquerschiffes, das teilweise die Archivolten des anschließenden Portales zerstörte. Wohl bei der Erhöhung des Kreuzganges mußte man das Fenster in der Südwand des Querschiffes zumauern. Von der alten Apsis zeugen im Innern u. a. noch Reste des Gliederungsapparates an der Ostseite des südöstlichen Chorquadratpfeilers; von einer zweistöckigen Vorhalle an der Südseite des Chorjoches außen noch das abbrechende Gesims, Bögen und Konsolen. Diese Vorhalle diente als symmetrisches Pendant zum zweistöckigen Anbau auf der Nordseite, der zwar älter als das Querschiff, aber später noch mehrfach umgebaut worden ist. Daß zudem auch schon die Gestaltung der romanischen Teile im Zusammenhang mit der Errichtung des Langhauses keineswegs einheitlich verlief, zeigt sich an beiden westlichen Vierungspfeilern in ihrem komplizierten, unterschiedlichen Aufbau. Zusätzliche Dienste, die sich weder dem Kämpferniveau des Querschiffes noch dem des Langhauses anpassen, und eine Pfeileraussparung verweisen vielleicht auf verschiedene Planungsstadien. An der Ostseite dieser beiden Pfeiler wird durch die hohen Sockel außerdem deutlich, daß ehemals das Bodenniveau des Chores bis zu diesen Stützen erhöht gelegen hat, d. h. in Höhe der Unterkante der unteren Bogenreihe im Chorjoch. Die Absenkung dieses romanischen Niveaus geschah zumindest bei der Neuerbauung des Chorschlusses, da dessen Sockelzone mit Maßwerkblendarkaden darauf keine Rücksicht mehr nimmt. Eine Kryptenanlage hat aber wahrscheinlich nicht bestanden. Jedenfalls erbrachten die Grabungen nach dem Zweiten Weltkrieg hierfür keinen Nachweis.

Die spätgotische Apsis umschreibt im Grundriß fünf Teile eines

Achtecks. Ihre Wände sind über den Sockeln vollständig in Fenster aufgelöst. Deren zumeist aus Drei- oder Vierpässen kombiniertes Maßwerk sowie die auch ohne Unterbrechung (Kapitelle oder Kämpfer) hochsteigenden Dienstbündel des Polygons sollen auf Motive der Soester Wiesenkirche zurückgehen. Die Fensteröffnungen ermöglichten den durch zurückspringende Wände im Innern erweiterten Raum äußerst hell zu beleuchten, was heute nach der Neuverglasung nicht mehr nachvollziehbar ist. Licht war hier wohl am östlichen Endpunkt des Domes als Effekt eingesetzt, um den Blick in die Richtung des Hauptaltares zu lenken. Auf einen Teil des angrenzenden Kreuzganges, der noch aus mittelalterlicher Zeit stammt, ist noch hinzuweisen. Der zweigeschossige Ostflügel besitzt Kreuzgewölbe; sein Obergeschoß öffnete sich ehemals in wohl durch Säulchen und Pfeiler abgeteilte Rundbogenarkaden, die heute vermauert sind. Der Nordteil dieses Bauwerkes wurde in gotischer Zeit umgestaltet, wahrscheinlich in der Breite ebenso reduziert. In welcher Zeit ursprünglich der Flügel entstanden ist (um 1200?), ist nicht sicher.

## Ausstattung des Domes

Viele Teile der Domausstattung sind vor allem durch die Kriegszerstörungen in Verlust geraten oder stark beschädigt worden. Doch birgt die Kirche noch mehrere beachtenswerte Werke in einer fast geschlossenen Reihe vom 12. bis zu unserem Jahrhundert.

Das älteste Stück stammt aus der Zeit um 1170. Es handelt sich um die hölzernen Reste eines Thrones, die heute verstümmelt im Choraltar eingefügt sind. Ein profilierter Rahmen umschließt vier vertiefte Felder, die ein ebenfalls profiliertes Kreuz abteilt. Ein Zentaurenkampf, Blattrosetten und Schlingbänder dekorieren die Füllungen. Aufgrund von Teilen der die Füllungen schmückenden Ornamentik läßt sich eine Entstehung des Thrones im Zusammenhang mit Helmarshausener Buchmalerei (z. B. dem Evangeliar Heinrichs des Löwen, ehemals Gemunden, Schloß Cumberland) vermuten. Überlegungen, für welche Funktion der Sitz angefertigt wurde (zur Hochzeit Heinrichs des Löwen im Mindener Dom 1168 oder für Kaiserbesuche), bleiben vorerst Spekulation.

Auch die Bauskulpturen vom Langhaus des 13. Jahrhunderts müssen beachtet werden. Dazu gehören vor allem: Acht (ikonographisch richtig sind zehn) Kluge und Törichte Jungfrauen in den Archivolten des südlichen Langhausportals, Figuren der Ecclesia und Synagoge (heute im Haus am Dom), die vielleicht dieses Portal ehemals flankieren sollten, ein König und ein Bischof in den Tabernakeln der Langhausnordseite und eine in das Tympanon des Nordquerschiffportals versetzte Madonna (Original ebenfalls heute im Haus am Dom). Die Skulpturen sind im Krieg zum Großteil beschädigt worden; der Kopf des Kindes bei der Madonna scheint ergänzt zu sein. Die Figuren ergeben kein geschlossenes Programm. Wichtig sind sie wegen ihrer Bedeutung für die Frage der stilgeschichtlichen Einflüsse auf das Mindener Domlanghaus und dessen Datierung. Die Gestaltung der Werke hat zwei Quellen, zum einen Skulpturen des Rosengeschosses des Querhauses der Kathedrale von Reims (beendet vor 1241) und zum anderen die Goldene Pforte des Domes in Freiberg/Sachsen (um 1230). Die zu große Zeitspanne dieser zu den bisher meist auf ca. 1270/80 datierten Mindener Arbeiten belegt deutlich die Notwendigkeit, eine frühere Datierung um 1250/75 wiederaufzunehmen, zugleich aber den Bau des Langhauses insgesamt auch früher anzusetzen.

In der inneren südlichen Querschiffwand befindet sich eingemauert der sogenannte Apostelfries. Zu Seiten von Christus mit Buch und Maria mit Lilienstab (Zeichen ihrer Reinheit) gruppieren sich unter Arkaden stehende oder sitzende Apostel (u. a. Petrus mit Schlüssel), dazu der Heilige Gorgonius, der zweite Dompatron. Der Figurenbestand dieser von Ornamenten eingefaßten Reihe deutet schon auf ihre ehemalige Funktion hin: Sie soll den zur Abteilung des Chores dienenden Lettner geschmückt haben, eines Vorläufers des wohl spätgotischen, erst um 1830 abgebrochenen Lettners. Gerade Apostel, Christus und Maria erscheinen an Chortrennwänden, wie die Beispiele der Schranken der Michaelskirche zu Hildesheim oder der Liebfrauenkirche zu Halberstadt zeigen. Der Bildhauer des Mindener Frieses benutzte andere stilistische Vorbilder als der Meister der Langhausskulpturen. Er ging von Figuren in Paderborn aus, weshalb mit Rücksicht darauf eine Datierung der Figurenreihe um die Mitte des 13. Jahrhunderts vorzuschlagen ist.

Am ehesten mit dem Lettnerfries kann man einen Schrein in archaisierenden Formen verbinden, der zu einer Predella eines um 1425 angefertigten Flügelaltares umgearbeitet worden ist. Schrein und Flügelaltar verkaufte die Mindener Domgemeinde 1909 leider nach Berlin (heute in den Staatlichen Museen, Berlin). Eine Marienkrönung bildet die Mitte des Schreins. Mehrere nicht näher zu identifizierende Heiligenfiguren sind außerdem eingefügt. Der im 15. Jahrhundert sicher verstümmelte Schrein besaß vordem das Aussehen eines rechteckigen, überdimensionierten Hausreliquiars, wohl mit Satteldach. In seiner angenommenen Funktion als frühes Altarretabel gehört er zu den Inkunabeln der Altarausschmückung.

Als Retabel dienten ebenso die Wandmalereien an der Westseite des südwestlichen Vierungspfeilers, die sich demnach schon eindeutig der Periode des Langhausbaues zuordnen lassen. Acht Heilige sind unter Säulenarkaden in zwei Reihen übereinander dargestellt. Die unteren Personen können durch Inschriften identifiziert werden: Nikolaus, Katharina, Bartholomäus, Franziskus, die oberen zumeist durch Attribute: Johannes der Täufer mit Spruchband „Ecce agnus dei", Petrus einen Schlüssel haltend, Gorgonius in ritterlicher Tracht und wohl Anna. Über diesen beiden Reihen steht in größerem Maßstab eine monumentale freskierte Madonna unter einem Baldachin. Nicht nur vom Bildinhalt – bemerkenswert die frühe Wiedergabe des Franziskus mit seinen Wundmalen – sondern ebenso von der Form her zählen die Wandmalereien zu den besten Arbeiten in Westfalen. Hier gibt es kaum Vergleichsmöglichkeiten, so daß die Datierung unter Verweis auf niedersächsische Modelle wiederum am angenommenen Weihedatum des Langhauses 1290 orientiert wurde. Eine frühere zeitliche Ansetzung scheint aber nicht ausgeschlossen.

Die bisher aufgeführten Werke verweisen auf eine relativ geschlossene Ausstattungsphase des Mindener Domes im 13. Jahrhundert. Dieses Bild wird ergänzt durch Skulpturen des Spätmittelalters z. B. der Sitzfigur des Dompatrons Petrus aus dem beginnenden 14. Jahrhundert, der in der Mitte des 15. Jahrhunderts geschaffenen Madonna mit der Traube (Symbol des Blutes Christi und seines Leidens) oder dem Matthiasaltar von ca. 1500. Ein Vesperbild, im Krieg beschädigt und hervorragend wiederhergestellt, im Typus der Zeit um 1420 – die leicht zum Betrachter gedrehte Christusfigur liegt hier horizontal auf dem Schoß Mariens – befindet sich in der Kapelle des nördlichen Westbauturmes. In einer Nische des Langhauses ist ein ikonographisch bemerkenswertes Bildwerk untergebracht. Hinter Maria (leider ohne Christuskind) und Anna steht gebeugt die legendäre Mutter der Anna, Emerentia. Sie erweitert die übliche Gruppe der „Anna selbdritt" um eine weitere Person, deren höheres Alter, wie ähnlich bei den anderen Frauen, durch die Art der Gewandung unterschieden wird. Der Emerentia-Kult hatte sich seit dem beginnenden 16. Jahrhundert verbreitet, aus dem auch das Bildwerk im Dom stammt. Es entstand in der Werkstatt des nach einem Altar benannten „Benediktmeisters" in Hildesheim um 1520. Die Emerentia-Gruppe braucht nicht ursprünglich für den Mindener Dom bestimmt gewesen zu sein, denn hier ist sie erst seit 1940 nachweisbar.

Als Ersatz für den zerstörten Hochaltar wurde 1950 ein Gemälde erworben und im Chor aufgestellt, eine Kreuzigung Christi, die zu dessen Füßen eine Stifterin, zu den Seiten aufgereiht Maria (mit fünf Schwertern in der Brust als Zeichen ihrer seelischen Schmerzen), Johannes Ev., Agnes, Ägidius und Petrus, Paulus, Andreas und Michael zeigt. Das Altarbild von ca. 1490 gilt als Frühwerk des in Geseke tätigen Malers Gert van Lon und als bessere Arbeit des sonst von der Qualität her schwachen Künstlers.

Umfassendere Umgestaltungen fanden im Mindener Dom wieder im 17. Jahrhundert statt. Leider blieben davon wenige Werke, teilweise nur in Resten, erhalten. Die Vernichtung des Domes überstanden drei in architektonischem Gefüge gestaltete Epitaphien. Dazu kommt der Heiliggeistaltar in der nördlichen Nebenapside. Von der um 1660 geschaffenen Barockausstattung, mehreren Altären, einer reichgeschnitzten Kanzel und einem Taufbecken, zeugen noch einige im Kirchenraum verstreut aufgestellte Figuren.

Die nach 1945 notwendig gewordenen Erneuerungen brachten Ausstattungsergänzungen mit sich. Die neue Verglasung in Langhaus, Querhaus und Chor schufen Anton Wendling und Vinzenz Pieper mit Ornamenten, Themen des christlichen Heilsgeschehens und Figuren aus der Geschichte des Bistums Minden. Die von Evangelistensymbolen gezierte Kanzel erarbeiteten Werner March und Zoltán Székessy. Den Taufstein mit der Taube des Heiligen Geistes und der Arche Noah fertigte Gisela Leo-Stellbrink und den Kreuzweg gestaltete Heinz-Gerhard Bücker. Trotz all dieser Werke wirkt das Innere des Mindener Domes nüchtern und eher kahl. Die Architektur dominiert über die Ausstattung, welche nur durch den Lichteinfall dunkelfarbiger Fenster den Raumeindruck mitbestimmt.

## Zur Darbietung des Domschatzes

Seit 1980 sind die Werke des Domschatzes im „Haus am Dom" in neuer Form ausgestellt. Sie konnten hier, nicht mehr auf engem Raum wie zuvor im Westwerk des Domes zusammengedrängt, freier und unbeengter und zugleich einsichtiger gegliedert dargeboten werden. Heinz Micheel, Köln, gestaltete diese Präsentation. Der längliche Raum ist durch ein beiderseitiges Band von Vitrinen zum Schauraum geformt, den kleinen Objekten Zusammenhalt schaffend, gleichzeitig durch leichte Ausladungen Teilräume bildend. In der offenen Raummitte setzen zwei größere Werke Zwischenakzente, doch so, daß der Durchblick zur Stirnseite gewahrt bleibt. Es sind die goldene Madonna und der Reliquienschrein aus Schildesche. Alles zielt auf das Ende des Raumes hin, wo vor einem Natursteinhintergrund der Mindener Bronzekruzifixus und in seiner Nähe das Kapitelskreuz den Höhepunkt bilden.

Die Absicht war, die sakrale Würde der Objekte zu erhalten, sie aber auch in behutsamer Sachlichkeit als Kunstwerke in Erscheinung treten zu lassen. Die Domschatzkammer sollte weder ein reines Museum noch eine Kapelle sein. In Aufbau und Abfolge der Objekte sollte ein geistig-religiöser Zusammenhang erkennbar werden, verknüpft mit Funktion und Bedeutungsgehalt.

Die beiden Vitrinen-Langseiten entsprechen den beiden Grundthemen. Links ist die Heiligenverehrung in den verschiedenen Formen der Reliquiare vergegenwärtigt: Von den kleinen hausförmigen Schreinen über die figürlichen Werke in Gestalt von Büsten, Statuen und Armen bis zu den Schaugefäßen und zur Kreuzgestalt, die auf die Mitte christlichen Glaubens, den Opfertod Christi, verweist. Daß man am Ende des Raumes den Kreuzen als wichtigsten Stücken des Domschatzes begegnet, soll eine deutende Sinnbeziehung schaffen. Sie gilt nicht nur für die „Reliquienseite", sondern ebenso für die rechte Seite, die dem Thema Gottesdienst und liturgische Feier gewidmet ist.

Die romanischen Türzieher mit den Löwenköpfen bezeichnen gewissermaßen den Zugang zum sakralen Raum, dessen Mitte der Altar ist. Die Dinge hier verweisen auf die Eucharistiefeier, zu der Leuchter, Aquamanile und Weihrauchfaß gehören, aber auch die liturgischen Bücher und besonders die „vasa sacra", die Kelche, Ciborien und schließlich die Monstranzen. Am Ende Beispiele priesterlicher Kleidung, die beim Altardienst getragen wird: Paramente.

Die Werke in der Achse des Raumes sind als vermittelnde Elemente gemeint: Maria mit Christus als Kind, heilsgeschichtlicher Beginn auf das Kreuz hin. Von der ahnungsvollen Würde der Gottesmutter mit dem Kind bis zum strengen, feierlichen Ernst des Bronzekruzifixus spannt sich der Bogen. Dazwischen der Schrein von Schildesche mit dem Bildprogramm: Heilige, kluge und törichte Jungfrauen, der Weltenrichter.

Der beziehungsreich angelegte Aufbau der Werke will sie in ihrem nicht bloß ästhetischen Wert erschließen. Auch diesen haben sie selbstverständlich. Aber in ihnen, geweiht durch Verehrung, ist mehr als das, wird Spirituelles greifbar nah.

## Die Werke des Domschatzes

Die in der Domschatzkammer verwahrten Gegenstände bestechen nicht durch ihre Vielzahl, wohl aber durch ihre Qualität. Besonderer Rang kommt mehreren der kostbaren Objekte zu. Sie schaffen eine dichte Atmosphäre durch ihr Material, Gold und Silber, daneben durch die ihren Funktionen gemäße Anordnung im Raum. Reliquiare und Meßgeräte gruppieren sich um Werke mit den zentralen Inhalten Menschwerdung Christi und seinem Erlösungstod am Kreuz, um die Silbermadonna des 13. und den Bronzekruzifixus des 11. Jahrhunderts.

Die prachtvolle, berühmte Madonna empfängt den Besucher am Eingang. Ihre aus Silber getriebene und vergoldete Gestalt entstand wohl um 1230/40. Die Figur gehört zu einer Gruppe thronender Madonnen des 13. Jahrhunderts, die augenfällig vor allem durch die zurücklehnende Haltung des Kindes mit erhobener rechter Hand verbunden sind. Die Entstehung der Gruppe ist in Niedersachsen zu suchen (vgl. Muttergottesstatuen im Dommuseum zu Halberstadt oder am Bronzetaufbecken des Hildesheimer Domes). Eine Besonderheit der Mindener Madonna bildet zwar ihr breiter Aufbau, doch wird dieser Eindruck auch durch die Ausbreitung des Mantels über der Thronbank erzielt. Die dem Kind und der Mutter aufgesetzten Kronen, Zeichen königlicher Würde, entstammen wahrscheinlich ebenso dem 13. bzw. dem 14. Jahrhundert. Die Statue diente als ein auf einem Altar aufgestelltes Kultbild und steht somit in der Nachfolge goldener Madonnen um 1000 in Essen (Münster) und Hildesheim (Domschatz), in gleicher Verwendung nachweisbarer früher Großplastiken.

Der Bronzekruzifixus hängt an der rückwärtigen Wand der Schatzkammer. Der in sechs Teilen gegossene Korpus (Arme, Beine, Kopf mit Rumpf und Unterkörper) ist an einem originalen Kreuz mit Umschrift und Suppedaneum (Fußbank) in Form eines Drachens befestigt. Die frontal ausgerichtete und symmetrisch aufgebaute Gestalt Christi trägt ein in der Mitte geknotetes Lendentuch. Zur Figurenausschmückung gehören die mit Niello, einer eingeschmolzenen Mischung aus Silber, Kupfer, Blei, Schwefel und Borax, ausgefüllten Augen und Lendentuch, dazu die noch teilweise erhaltene Vergoldung, die ebenso die Kreuzbalken verzierte. Die Datierung dieses Frühwerks der großfigurigen Bronzeplastik war zeitweilig stark umstritten, doch spricht vieles für eine Ansetzung um 1070/80: Eine annähernd gleichzeitige Fertigung mit dem Bronzekruzifix von Essen-Werden, ein Rückgriff auf Stilformen der Zeit um 1000 aus dem Bereich der Hildesheimer Bronzewerkstätten, ein ähnlicher Vorgang, wie er in diesen Jahren in Köln im Verhältnis des Gero-Kruzifix im Dom zu dem aus St. Georg im Schnütgen-Museum zu erkennen ist, und schließlich die Mindener Domweihe 1071, zu der sicherlich eine Ausstattung der neuerrichteten Ostteile erfolgte. Das Kreuz in der Hildesheimer Bronzetür des Bischofs Bernward liefert auch eine inhaltliche Erklärungsmöglichkeit für die kurzen Metallansätze an den Mindener Balken, die, aufgrund der Vergoldung auch an den Schnittstellen, nicht verkürzt sind und vielleicht ehemals, nach Bohrlöchern zu urteilen, rund um das Werk in Abständen befestigt waren. Das Hildesheimer Kreuz zeigt deutlich einen Lebensbaum, der auch in Minden in einer eher abstrahierten Form mit den nicht realitätsnahen, sondern symbolischen Astansätzen zu sehen ist. Darauf verweist die auf dem Querbalken befindliche Inschrift: „HOC REPARAT XPP DEVS IN LIGNO CRVCIFIXVS QVOD DESTRVXIT ADAM DECEPTVS IN ARBORE QVADAM" (In freier Übersetzung: Das stellt der am Holz gekreuzigte Christus wieder her, was der getäuschte Adam am Baum zerstört hat.) Die Verbindung von Lebensbaum im Paradies (lignum vitae) zum Kreuzesholz Christi (lignum crucis) erläutern die in vielfachen Variationen nachzuweisenden Kreuzlegenden des Mittelalters, gemäß denen Samen vom Baum der Erkenntnis im Mund des toten Adam gesprossen und von dem daraus gewachsenen Baum das Kreuz Christi gefertigt worden wäre. Das Grab Adams wurde zudem als Stelle des Todes Christi angenommen. Die Gegenüberstellung Urmensch – Gottessohn geht überall dahin, in Christus den Wiedergutmacher zu erkennen, lesbar im Neuen Testament („Denn gleichwie sie in Adam alle sterben, also werden sie in Christo alle lebendig gemacht werden", 1. Kor. 15, 22), sichtbar aber im Mindener Kruzifix an der geschilderten Form des Kreuzes und zugleich im Aufsetzen der Füße Christi auf den Drachen als Zeichen der Überwindung der Schlange.

Auf der Rückseite des Kreuzbalkens stehen fünf Namen, die wohl auf mit dem Kreuz bewahrte Reliquien deuten. Sakrale Relikte sind auch in Verbindung mit der Silbermadonna erwähnt worden. Die durch geheiligte Überreste geweihten Gegenstände (Kreuz und Madonna) blieben dennoch primär Kultbilder. Doch leiten beide Werke zu den zur Aufbewahrung der im Mittelalter so bezeichneten „Unterpfänder des Glaubens" allein dienenden Gefäßen über, die ehemals in besonderen Schreinen ihre Unterbringung fanden, nun in den Vitrinen auf der Südseite der Domschatzkammer aufgestellt sind: Den Reliquiaren.

Die ältesten Behältnisse zur Aufbewahrung von Reliquien bilden schreinartige Kästchen mit sattelförmigem, abgewalmten Deckel. Diese Stufe repräsentiert im Domschatz der aus Edelsteinen, Gold und Silber gefertigte Petrischrein, dem leider seine ehemals vorhandene Firstbekrönung fehlt. Streifen mit Blattranken und Perlstäbe umschließen mehrere Felder. Auf einer Längsseite wird die Dachschräge von der Szene der Ausgießung des Heiligen Geistes ausgefüllt, das Wandfeld von einer Kreuzigung des Apostels Petrus, einem der Mindener Dompatrone, von dem das Reliquiar Überreste barg. Zugleich enthielt es solche sechs weiterer Heiliger, von denen Inschriften auf der silbernen Bodenplatte des Kästchens berichten und auf die zwei Büsten auf den Schmalseiten wohl noch verweisen sollen (Pankratius, Sigismund, Vitus, Petrus, Andreas, Laurentius und Gorgonius). Die andere Längsseite schmücken mehrere Edelsteine in nach dem Krieg veränderter Steinsetzung, vor allem aber eine von zwei Agraffen gerahmte große Emailscheibe: Ein höchst seltenes Stück karolingischer Kunst in Zellenschmelz mit in Gold versenkten vier Büsten und acht Vögeln. Im Ganzen entstand der kleine Schrein im 11. Jahrhundert. Er wird als Geschenk des Bischofs Rudolf von Schleswig anläßlich der Domweihe 1071 angesehen. Die künstlerischen Parallelen seiner Einzelelemente sind wiederum in Hildesheim zu erkennen, z. B. die Blattformen in den Ranken am Hezilo-Leuchter im Dom. Jüngst wurde auch der Perlstab zur Umrandung

der Flächen als hildesheimisch-niedersächsisches Motiv bezeichnet. Es erscheint auch am Sigismund-Armreliquiar des Welfenschatzes in Berlin.
Eine Variante der Schreinform mit einfachem Satteldach zeigen die im Mittelalter weit verbreiteten und auch heute noch oft anzutreffenden, im Grundmaterial Kupfer hergestellten Emailkästen aus Limoges, von denen die Schatzkammer ein Exemplar besitzt. Verziert werden diese Arbeiten durch in Grubenschmelzemail ausgeführte, immer ähnliche Szenen verschiedener Heiliger (Tod als Märtyrer, Bestattung oder Aufnahme in den Himmel). Der Mindener Schrein schildert das Wunder und das Begräbnis der Heiligen Valeria: Sie war enthauptet worden, da sie sich Christus geweiht hatte. Daraufhin brachte die enthauptete Valeria ihren Kopf unter der Führung eines Engels dem Heiligen Bischof Martial, der gerade die Messe feierte. Die Datierung des eher einfachen, nur durch plastische, aufgesetzte Köpfe betonten Stückes scheint aufgrund der Limousiner Massenproduktion schwierig, doch ist eine Festlegung auf den Beginn des 13. Jahrhunderts vertretbar.
Zwar erhielt sich in Minden kein großer Reliquienschrein aus Edelmetall, wie viele in den Zentren an Rhein und Maas, doch steht noch ein solcher aus Holz außerhalb der Vitrinen in der Mitte des Raumes. Der Tradition folgend kommt er aus dem Stift Schildesche bei Bielefeld. Einen auf Füße gesetzten Kasten überspannt in geringerer Tiefe ein Satteldach. Beides gliedern rundum vor allem Spitzbogenarkaden, in denen Figuren untergebracht sind: Apostel und weibliche Heilige, die Klugen Jungfrauen mit der Ecclesia und die Törichten Jungfrauen mit der Synagoge. In den Giebeln befinden sich Figuren Johannes d. T., Patron der Kirche von Schildesche, und Christi, wie sie beide auch durch Szenen aus ihrem Leben auf den Flügeln des heute noch in Schildesche stehenden spätgotischen Hochaltars repräsentiert werden. Die dort in die Predella eingesetzten Heiligenfiguren nehmen Bezug auf Altarpatrozinien der Kirche, wie ebenso die weiblichen Heiligen des Schreins in Minden. So lassen sich hier Magdalena und Katharina an einer Schmalseite, vielleicht auch Cäcilia mit Palmzweig bei den Klugen Jungfrauen der Dachschräge bestimmen. In Bielefeld ist der Schrein sicherlich gefertigt worden, denn seine Skulpturen zeigen sich in der Art ihres formalen Aufbaues als verflachte Nachfolger von Werken in der Bielefelder Marienkirche, Lettnerfiguren und dem Grabmal des Grafen Otto von Ravensberg und der Hedwig zur Lippe († 1320). Der Reliquienschrein ist deshalb wohl um 1330/40 zu datieren.
Nächst den Kästen kommen „redende" Reliquiare auf, die die Form eines Körperteils besitzen und damit oft die Art ihres Inhaltes angeben. Die ältesten Armreliquiare entstammen dem 11. Jahrhundert, wie das des Heiligen Blasius in Braunschweig oder das schon erwähnte in Berlin. Auch eine Arbeit aus Silberblech im Mindener Domschatz zählt dazu. Gedanken zu folgen, weshalb gerade Armreliquiare so früh auftauchen, mag Spekulation bleiben, doch könnte der Hinweis auf die in Szenen frühmittelalterlicher Kunst oft nachweisbare „dextra dei", der Hand Gottes als Symbol des Eingreifens Gottvaters in das irdische Leben, eine höhere, übertragene Bedeutung der frühen Armreliquiare im Sinne eines Ausdrucks göttlichen Willens nahelegen. In Minden werden ein Unterarm und eine ausgestreckte Hand gestützt von einem erneuerten Sockel mit der Umschrift „BRACHIVM SANTE MARGARETE" (Arm der Heiligen Margaretha). Zur Verzierung dienen aufgesetzte Bänder aus der ersten Hälfte des 13. Jahrhunderts mit vergoldetem Schneckenfiligran und Edelsteinen, die wohl ältere Stücke ersetzen. Die sonstige schlichte Form des Armes ohne jegliche Gewandangabe belegt aber deutlich die frühe Entstehung. Mit späterer Zeit werden Stoffdetails nämlich immer differenzierter und realitätsnäher geschildert, zu vergleichen in Minden an vier hölzernen, ehemals gefaßten Reliquienarmen aus dem 13. – 16. Jahrhundert, von denen das Domschatzinventar von 1683 angibt: „Vier weiße brachia mit Reliquien", zudem am Gorgonius- und am Annenarm. Die beiden letzten sind aus Silber getrieben, teilweise vergoldet und mit Steinen besetzt, ihre Ärmel sind in Falten gelegt, umgeschlagen oder auch in Ober- und Untergewand unterschieden. Der Gorgoniusarm aus dem zweiten Viertel des 15. Jahrhunderts zeigt zudem Handlinien und Sehnen am Gelenk. Den Annenarm von ca. 1500 trägt noch ein polygonaler Sockel mit Figuren der Anna Selbdritt und des Gorgonius. Die beiden verborgenen Reliquien werden übrigens vom Domherrn Heinrich Tribbe in seiner Beschreibung Mindens (um 1460) erwähnt, der Gorgoniusarm schon in seinem heutigen Behältnis: „Item brachium sancti Gorgonii, patroni ecclesiae Mindensis, in brachio argenteo et deaurato cum lapidibus" (Ebenso der Arm des Heiligen Gorgonius, des Patrons der Mindener Kirche, in einem silbernen und vergoldeten Arm mit Steinen).
Auch das folgende Stück, ein kleines Silberhaupt mit Reliquien der Heiligen Maria Magdalena, verzeichnet Tribbe. Ein Körperteil, schon eine Büste, ist hier mit einem fein eingearbeiteten kleinen Klappdeckel auf dem Kopf als Reliquiengefäß hergerichtet. Es besteht aus einer mit Silberblech beschlagenen, 1945 angekohlten Holzskulptur. Magdalena trägt eine modische Tracht der Mitte des 13. Jahrhunderts: Mantel mit Kragenumschlägen, neben dem Kopftuch angedeutet auch Gebende und Schapel: Um das Kinn bzw. wie eine Krone getragene Seiden- oder Leinenstreifen. Eine weitere Silberbüste, die in ovaler Grundform den Oberkörper, wie üblich bei den älteren Beispielen, bis zu Arm- und Brustansatz wiedergibt, ist zur Aufbewahrung von Petrusreliquien bestimmt. Ihren Schmuck bilden Blattmotive, Rosetten und zwei überdimensionierte Schlüssel, zugleich Attribute des Apostels und Zeichen des Bistums. Diese erscheinen auch zusammen mit dem Wappen der Edelherren von Berge im gekoppelten Schild auf der Rückseite der Büste, was eine Festlegung ihrer Entstehung in die Regierungszeit der Mindener Bischöfe Wedekind und Otto vom Berge (1369–83 bzw. 1384–97) erlaubt. Eine derartige Wappenkombination schmückte übrigens den Grabstein Bischof Ottos.
Ganzfigurige Statuetten in einer Funktion nur zu Reliquienverwahrung kommen erst seit dem beginnenden 13. Jahrhundert vor. Sie verbildlichen die Person, von der sie primäre (Körperteile) oder sekundäre (Berührungsobjekte) Reliquien bewahren, in ihrer Gesamtheit. Diese Form scheint demnach mehr eine Folge der Vergegenwärtigung des Heiligen zu sein als eine Verbildlichung des Inhalts des Reliquiars. So verwahrt eine der drei Silberstatuetten des Domschatzes, die des in Papstgewändern gekleideten

Heiligen Petrus aus dem dritten Viertel des 15. Jahrhunderts, als wichtigstes ein Glied seiner römischen Kerkerkette. Daneben ist noch ein als Diakon gekleideter Heiliger Laurentius mit seinem Attribut, dem Rost, aus gleicher Zeit vorhanden und eine kleine Gorgoniusstatuette aus der Mitte des Jahrhunderts, die ehemals wohl zu einem Schrein gehörte, da ihre Rückseite geöffnet geblieben ist. Bei Petrus und Laurentius werden die Reliquien durch Bergkristalle hindurch sichtbar gemacht.

Dieses Bemühen zur Offenlegung des Inhaltes der Gefäße und die Schaffung von Reliquiaren in neutralen Formen, die nur zur Darbietung der Reliquien angefertigt sind, setzte mit der Zeit um 1200 ein. Der Mindener Domschatz bietet drei Beispiele: Zwei Reliquien-Monstranzen des 16. – 18. Jahrhunderts in gröberer Ausführung und das Reliquiar mit einem Hedwigsglas als Einsatz. Dieses zählt zu der hervorragenden Gruppe um zwei ehemals im Besitz der Heiligen Hedwig von Schlesien († 1243) befindliche Gläser, deren Entstehung wohl im Ägypten der Fatimiden zu suchen ist und zwar möglicherweise schon um die Jahrtausendwende. Die Becher bestehen aus rauchtopasfarbigem Glas. Als Standringe sind Fäden angefügt und Motive an den Wandungen herausgeschliffen. In Minden verzieren ein Adler, ein Löwe oder Leopard und ein Lebensbaum das Glas. In den Standring sind zum ursprünglichen Zustand gehörende Kerben eingeschliffen. Das Hedwigsglas erfuhr nun im zweiten Viertel des 13. Jahrhunderts durch die Benutzung als Schaugefäß eine Umwandlung in ein Reliquienostensorium, von einem Fuß gestützt, durch Bänder ummantelt und durch einen Deckel geschlossen.

Übrig bleibt ein Reliquiar, das wieder auf den Beginn der Betrachtung, den Bronzekruzifixus, zurückweist, ein silbernes Reliquienkreuz aus der Zeit gegen 1300 mit lilienförmigen Enden, dem im Zentrum auf einer Seite ein Bergkristall zur Darlegung der Reliquien angesetzt ist und der gegenüber einen an ein Kreuz gebundenen bärtigen Heiligen, wohl den Apostel Andreas, abbildet. Dieser erscheint vor dem 15. Jahrhundert mit einem lateinischen Kreuz als Märtyrerattribut, nicht mit dem später für ihn bedeutsamen Andreaskreuz. Auch erwähnt Lebedur 1825 in der Beschreibung des Mindener Domes „ein Kreuz, in dessen Stamm Knochen des heiligen Andreas".

Das Andreas-Reliquiar führt zu einem frei aufgestellten weiteren Hauptstück des Domschatzes, dessen Form durch die in ihm gehüteten Reliquien, Späne des Kreuzes Christi, bedingt ist, deren Unterbringung aber hinter der zeichenhaften Bedeutung des Ganzen zurücktritt: Das Domkapitelskreuz. Die Reliquien werden durch einen Bergkristall auf der quadratischen Mittelplatte sichtbar, an der die schmaleren Arme mit Dreipaßenden ansetzen. Zum Schmuck dieser Seite tragen zudem Reliefs der vier Kirchenväter, von einem Vorgängerkreuz übernommene Zellenschmelzemails des 11. (?) Jahrhunderts, eingravierte Putten und eine Petrusfigur bei, die einem Kupferstich von Martin Schongauer folgt. Die Rückseite zieren in Relief gearbeitete Evangelistensymbole, in Gravur ein Heiliger Gorgonius nach der Vorlage eines Kupferstiches von Albrecht Dürer von 1508 und im Zentrum als Herrschersymbol ein großer römischer Kameo, angeblich ein verändertes Bildnis Kaiser Neros. Durch Kriegseinwirkungen erlitt er leider größeren Schaden. Daß der Stein auch schon vor dem

*Tür eines ehemals im Chor aufgestellten RELIQUIENSCHRANKES VON 1663*

16. Jahrhundert an einem Kreuz befestigt war, beweist wohl eine Textstelle in der Beschreibung Tribbes: „Item habetur ibidem signum sanctae crucis cum lapidibus pretiosis, inter quos est canus mirae magnitudinis" (Ebenso befindet sich dort das Zeichen des Heiligen Kreuzes mit kostbaren Steinen, unter denen der älteste von bewundernswerter Größe ist). Das Kapitelskreuz trug man in Prozessionen mit sich, auch beim feierlichen Einzug von Domkapitel und Bischof in die Kirche, d. h. zur liturgischen Feier.

Somit wird der Bogen zu den zur Liturgie notwendigen Geräten gespannt, die in den Vitrinen auf der Nordseite der Domschatzkammer untergebracht sind. Die Werke unterscheiden sich gemäß ihren Funktionen in „vasa sacra" (Gefäße, die in Kontakt mit dem Leib oder Blut Christi kommen) und „vasa non sacra". An Kelchen ist eine geschlossene Reihe des 14. – 18. Jahrhunderts vertreten, mehrere davon mit Inschrift als Zeugnis einer Stiftung. Das älteste Stück aber bildet ein silberner Kelch mit zugehöriger Patene in Miniaturgröße aus dem 11. Jahrhundert, dessen Datierung durch Vergleichsstücke aus Hildesheim gestützt wird. Beides wurde 1950 in einem Bischofsgrab der Domvierung gefunden. Grabkelche haben zu Lebzeiten ihres Besitzers wohl nicht nur als transportable Reisekelche, sondern auch für übliche Messen in der Domkirche gedient.

Zur Aufbewahrung der konsekrierten Hostien nutzte man die im Domschatz befindlichen drei Ziborien, unter denen eine sechseckige Pyxis hervorsticht. Auf ihre Verwendung deutet der leicht mit Hilfe eines Scharniers zu öffnende Deckel, der an seiner Spitze den Rest eines Hakens trägt. Die Hostie wurde ehemals nämlich hängend in Behältnissen nahe dem Altar aufbewahrt. Interessant wirkt das aus Silber gefertigte, teils vergoldete und mit Steinen etc. verzierte Ziborium auch wegen seines nicht in einer geschlossenen Ikonographie angeordneten Figurenschmucks: In Büsten Christus, Apostel und Märtyrer auf dem Deckel, in Ganzfiguren Propheten und Apostel auf der Wandung. Die Gestalten sind mit Hilfe von Stanzen in einer Art Serienproduktion geformt. Gleich aufgebaute Personen in verschiedener Zusammenstellung finden sich z. B. an einer Hostiendose in Lippstadt, einem Reliquiar aus Enger in Berlin oder einem Reliquiar im Osnabrücker Domschatz. Als Sitz der Werkstatt dieser Stücke des ersten Viertels des 13. Jahrhunderts wird Osnabrück angenommen.

Mehrere Bronzegeräte gehören in den weiteren Rahmen der Altarausstattung. Zwei Leuchterpaare aus der zweiten Hälfte des 12. Jahrhunderts bzw. von ca. 1200 zeigen sich ähnelnden Aufbau mit je drei Klauenfüßen und verschlungenen Drachenleibern. Die Entstehung der Bronzegüsse in Minden zugleich mit einer Gruppe anderer Leuchter ist wahrscheinlich. Aus der zweiten Hälfte des 12. Jahrhunderts stammt ebenso ein imponierendes Löwenaquamanile, hier ein Gießgefäß zur liturgischen Handwaschung des Priesters, z. B. vor der Opferung von Brot und Wein. Der Löwe folgt – obwohl ein Objekt der Kleinkunst – in seiner kraftvollen Haltung, den steil aufgerichteten Vorder- und abgespreitzten Hinterläufen einem monumentalen Vorbild, dem Braunschweiger Burglöwen von 1166.

An liturgischen Handschriften bewahrt der Domschatz nur noch kümmerliche Reste der ehemals umfangreichen Ausstattung, ein schlichtes Evangelistar des 9. Jahrhunderts (in der Reihenfolge des Kirchenjahres angeordnete Lesungstexte aus den Evangelien), das 1945 durch Brand schwer beschädigt worden ist. Dazu kam ehemals ein Epistolar (nicht aus Evangelien genommene Lesungstexte), von dem ein in Spuren noch gefaßter Holzdeckel der zweiten Hälfte des 13. Jahrhunderts mit thronendem Christus zeugt. Der Einband des Evangelistars ist ungleich bedeutender. Ein spätgotischer Rahmen, in den Akanthusrankenwerk eingraviert und Steine eingesetzt sind, umschließt ein Elfenbeinrelief der zweiten Hälfte des 9. Jahrhunderts aus dem Umkreis der nach dem Schreiber des Psalters Kaiser Karls des Kahlen († 877) benannten Liuthard-Gruppe. Das durch den Dombrand im Zweiten Weltkrieg angegriffene Relief schildert den in seiner Mandorla zum Himmel aufsteigenden, von Engeln begleiteten Christus über Maria und den Aposteln. Die Darstellung scheint wegen der am unteren Rand der Platte nicht fortgesetzten Ornamentrahmung etwas beschnitten zu sein.

Abzuschließen wäre die Beschreibung der Geräte mit dem Hinweis auf einige barocke Arbeiten unterschiedlichster Funktion: Eine Sonnenmonstranz, Versehkreuze und ein Weihrauchfaß. Priesterliche Gewänder des 18. Jahrhunderts, zwei Paar Dalmatiken und Kaseln in der westlichsten Vitrine der Nordseite, beenden die Reihe der liturgischen Gegenstände.

Der Überblick über die Objekte des Domschatzes, zugleich aber auch über den Dom und seine Kunstwerke, erweist ein durchgängig festzustellendes Problem: Das der Bischofsstadt Minden als Kunstzentrum im Mittelalter. Die Suche nach Vergleichsmöglichkeiten zu Arbeiten in Dom und Domschatz verdeutlicht die stärkere Bindung Mindens nach Osten hin, z. B. nach Halberstadt oder Hildesheim. Waren in der Architektur des Westwerkes teilweise sächsische Vorbilder ausschlaggebend, so gilt dies in gleicher Weise für die Skulpturen des Jungfrauenportals, für Bronzekruzifix, Madonna und die ältesten Reliquiare. Die engen Beziehungen bestanden anscheinend über mehrere Jahrhunderte hinweg. Wenn nun vor allen Dingen im 11. Jahrhundert das Bistum Minden zum niedersächsischen „Kunstkreis" zu rechnen ist, entfällt das Argument, den Ursprung einiger durch spezielle Formgebung charakterisierter Werke nicht in Minden selbst zu vermuten. Inwieweit wurden Kunstwerke, wie es für die Gruppe der Bronzeleuchter ja angenommen wird, nicht doch in der Stadt hergestellt? In diesem Zusammenhang gewinnen die an verschiedenen Orten lagernden, aus Minden herrührenden Handschriften an Bedeutung, die besonders im 17. Jahrhundert dem Dom verlorengingen. Dazu zählen neun überlieferte Bände, unter ihnen ein Evangeliar des 10. und eine Sammlung von mit Glossen versehenen Paulusbriefen des 12. Jahrhunderts, deren Entstehung in Minden nicht ausgeschlossen wird. Besonderen Rang aber nehmen die mit Bischof Sigebert (1022–36) verknüpften fünf erhaltenen Handschriften ein. Sie sind meist mit Zierinitialen geschmückt, das Sakramentar (es enthält Meßgebete) in der Deutschen Staatsbibliothek Berlin-Ost zudem mit acht Miniaturen und ein Evangelistar in der Staatsbibliothek Preußischer Kulturbesitz Berlin mit einem später eingefügten Einzelblatt, das Bischof Sigebert zwischen Priester und Diakon thronend zeigt. Die Stilkritik entdeckte in den Buchmalereien Einflüsse aus St. Gallen und von der Reichenau, die Werke wurden aber einer Mindener Lokalschule zugewiesen. Das Skriptorium Bischof Sigeberts befand sich wohl in Minden, wenn auch Zweifel sich nicht ganz ausschließen lassen. Sigebert wird in einer der Handschriften, einem Graduale (Buch mit gesamten Meßgesängen) als „episcopus huius ecclesie" (Bischof dieser Kirche) bezeichnet, was auf den Herstellungsort Minden deuten könnte. Auch die Darstellung Sigeberts mit Priestern und Diakonen auf einem Elfenbeindeckelrelief scheint in Minden angefertigt zu sein. Jedenfalls wäre eine genaue Untersuchung der Rolle Mindens als künstlerischer Mittelpunkt etwa unter dem Aspekt der Tätigkeit der Bischöfe Sigebert und Eilbert sicher lohnend. Der oftmals nicht ausreichende Bearbeitungsstand der Werke von Dom und Domschatz reflektiert letztlich die heutige gegenüber vergangenen Jahrhunderten mindere kirchliche Stellung des Sakralbaues, die dessen künstlerischen Rang im Mittelalter nicht mehr adäquat erkennen läßt.

## Verzeichnis der Domschatzobjekte

Dieser Kurzkatalog bietet in knappster Form technische Angaben zu den zum Domschatz gehörigen und in seinem Raum verwahrten Gegenständen. Der Katalog folgt in seiner Aufzählung einem Rundgang entlang den Vitrinen, wie er zur Zeit möglich ist. Die *kursiv* gesetzten Wörter beziehen sich auf die Kennworte innerhalb des Literaturverzeichnisses.

1 MADONNA, um 1230/40, H. 40 cm, Holzkern, Silber vergoldet, *Staufer,* Nr. 586

2 PETRISCHREIN, um 1071, H. 22,5 cm, L. 21 cm, T. 9 cm, Holzkern, Silber, Gold, Zellenschmelze, Edelsteine, *Weserraum,* Nr. 244

3 VALERIENSCHREIN, Anfang 13. Jahrhundert, H. 19 cm, L. 21 cm, T. 9 cm, Kupfer, Grubenschmelze, *Gauthier,* S. 93 ff.

4 MAGDALENENBÜSTE, Mitte 13. Jahrhundert, H. 22,5 cm, Holzkern, Silber, *Heppe,* S. 26 f., Nr. 182

5 PETRIBÜSTE, um 1390 (?), H. 24,5 cm, Holzkern, Silber teilweise vergoldet, *Heppe,* S. 65 ff., Nr. 183

6 LAURENTIUSSTATUE, 3. Viertel 15. Jahrhundert, H. 47 cm, Holzkern, Silber teilweise vergoldet, *Heppe,* S. 93 f., Nr. 185

7 GORGONIUSSTATUE, Mitte 15. Jahrhundert, H. 22,5 cm, Silber teilweise vergoldet, *Heppe,* S. 92, Nr. 184

8 PETRUSSTATUE, 3. Viertel 15. Jahrhundert, H. 29,5 cm, Silber teilweise vergoldet, *Heppe,* S. 92 f., Nr. 186

9 OSTENSORIUM mit Hedwigsglas, um 1000 (?) und 2. Viertel 13. Jahrhundert, H. 28,5 cm, Silber vergoldet, *Heppe,* S. 167 f., Nr. 191; *Koch*

10 RELIQUIENMONSTRANZ, Anfang 16. Jahrhundert, H. 26 cm, Kupfer vergoldet, *Heppe,* Nr. 402

11 RELIQUIENKREUZ des Heiligen Andreas, gegen 1300, H. 24,5 cm, Silber teilweise vergoldet, *Heppe,* S. 149 f., Nr. 189

12 MARGARETHENARM, um 1070 (?), H. 41 cm, Holzkern, Silber, vergoldetes Filigran, Edelsteine, *Weserraum,* Nr. 245

13 GORGONIUSARM, 2. Viertel 15. Jahrhundert, H. 48 cm, Holzkern, Silber teilweise vergoldet, Edelsteine, *Heppe,* S. 118 f., Nr. 187

14 RELIQUIENARM, 13. Jahrhundert, H. 53 cm, Holz, Reste von Fassung

15 RELIQUIENARM, um 1420, H. 47 cm, Holz

16 RELIQUIENARM, um 1460, H. 57 cm, Holz, eiserner Haltegriff, Reste von Fassung

17 ANNENARM, Anfang 16. Jahrhundert, H. 57 cm, Silber teilweise vergoldet, Edelsteine, *Heppe,* S. 120 f., Nr. 188

18 RELIQUIENARM, um 1500, H. 55 cm, Holz, Reste von Fassung

19 RELIQUIENSCHREIN, um 1330/40 (?), H. 65 cm, L. 90 cm, Holz gefaßt, *Leo,* Nr. 17

20 BRONZEKRUZIFIX, um 1070/80, H. 101 cm, Bronze, Niello, Reste von Vergoldung, *Wesenberg,* S. 76 f., Nr. 48

21 KAPITELSKREUZ, nach 1508, H. 46 cm, B.37 cm, Holzkern, Silber teilweise vergoldet, Kameo, *Heppe,* S. 150 ff., Nr. 190

22 BUCHDECKEL eines Evangelistars, Mitte 15. Jahrhundert und 2. Hälfte 9. Jahrhundert, H. 29 cm, B. 21 cm, Silber, Elfenbein, Edelsteine, *Fritz,* Nr. 477; *Goldschmidt,* Nr. 65

23 KELCH UND PATENE, 11. Jahrhundert, H. (Kelch) und Durchmesser (Patene) je 5,4 cm, Silber, *Elbern,* S. 49, Nr. 72

24 LEUCHTERPAAR, um 1200, H. 16 cm, Bronze, *Weserraum,* Nr. 280

25 LEUCHTERPAAR, 2. Hälfte 12. Jahrhundert, H. mit Dorn 17 cm, Bronze, *Weserraum,* Nr. 276

26 ZWEI TÜRZIEHER, um 1220/30, Durchmesser ca. 42 cm, Bronze, *Staufer,* Nr. 692

27 LÖWENAQUAMANILE, 2. Hälfte 12. Jahrhundert, H. 32 cm, Bronze, *Staufer,* Nr. 653

28 WEIHRAUCHFASS, 13. Jahrhundert, H. 23 cm, Bronze vergoldet

29 BUCHDECKEL eines Epistolars, 2. Hälfte 13. Jahrhundert, H. 31 cm, B. 22 cm, Holz, Reste von Fassung, *Leo,* Nr. 14

30 ZIBORIUM, 1. Viertel 13. Jahrhundert, H. 23 cm, Holzkern, Silber teilweise vergoldet, Edelsteine, *Güssow,* S. 73 ff., 126 ff.; *Staufer,* Nr. 584

31 ZIBORIUM, 13. Jahrhundert, H. 32 cm, Kupfer, Reste von Vergoldung

32 KELCH, 1464, H. 18,5 cm, Silber vergoldet, *Heppe,* S. 283, Nr. 196

33 KELCH, 1. Hälfte 14. Jahrhundert, H. 16 cm, Silber vergoldet, *Heppe,* S. 258, Nr. 194

34 KELCH, 2. Hälfte 14. Jahrhundert, H. 16 cm, Silber vergoldet, *Heppe,* Nr. 195

35 KELCH, 2. Hälfte 15. Jahrhundert, H. 14,5 cm, Silber vergoldet, Edelsteine, *Heppe,* S. 290, Nr. 197

36 KELCH, 2. Hälfte 15. Jahrhundert, H. 17,5 cm, Silber vergoldet, *Heppe,* S. 310, Nr. 198

37 LEUCHTER, 15. Jahrhundert, H. mit Dorn 29 cm, Kupfer

38 KELCH, 1645, H. 21 cm, Silber vergoldet

39 KELCH, 1. Hälfte 17. Jahrhundert, H. 20 cm, Silber vergoldet

40 VERSEHKREUZ, 17. Jahrhundert, H. 19 cm, Silber vergoldet

41 KELCH, Ende 17. Jahrhundert, H. 20 cm, Kupfer teilweise versilbert

42 KELCH, Anfang 18. Jahrhundert, H. 22 cm, Silber vergoldet

43 KELCH, um 1700, H. 27 cm, Silber teilweise vergoldet

44 RELIQUIENMONSTRANZ, 18. Jahrhundert, H. 36 cm, Kupfer teilweise versilbert

45 SONNENMONSTRANZ, 1718, H. 69 cm, Silber teilweise vergoldet

46 VERSEHKREUZ, 1789, H. 13 cm, Silber

47 WEIHRAUCHFASS, um 1750, H. 28 cm, Silber

48 KASELKREUZ, um 1500, H. 126 cm, B. 61 cm, Seidenstickerei, *Leo,* Nr. 23

49 DALMATIKEN UND KASELN, zwei Paar, 18. Jahrhundert, Schulterhöhe zwischen 90 und 100 cm, Seidenstickerei

WESTSEITE DES DOMES mit dem von einem Glockenhaus überhöhten und von Strebepfeilern gestützten Westbau und der vorgelagerten zweigeschossigen Eingangshalle

SÜDANSICHT des schmalen Westriegels und des vierjochigen Langhauses vom Kreuzgang aus

NÖRDLICHE SCHAUSEITE des in mehreren Bauperioden entstandenen Domes

Blick in die mehrfach umgebaute SÜDOSTECKE zwischen Querhaus und Chor

Das heute im westlichen Schmaljoch des Langhauses gelegene, nach den Skulpturen in den Archivolten benannte JUNGFRAUENPORTAL

Reich gestaltetes MASSWERKFENSTER
mit Schachbrettformen auf der Langhaussüdseite (1. v. O.)

Aus Arkaden und Baldachin gebildeter
STREBEPFEILERTABERNAKEL
der Langhausnordseite mit eingestellter Statue

Blick durch das LANGHAUS ZUM CHOR

Aus dem Chor BLICK DURCH DAS LANGHAUS auf den durch das Portal des 10. Jahrhunderts und durch eine Dreierarkade geöffneten WESTBAU

BLICK NACH NORDOSTEN aus dem südlichen Langhausseitenschiff, im Vordergrund der Matthiasaltar

Querblick durch den Hallenraum auf die drei großen MASSWERKFENSTER DER NORDSEITE

Neu gestaltete KAPITELLE EINES LANGHAUSPFEILERS

KREUZRIPPENGEWÖLBE des Langhausmittelschiffes

Unterer Teil der WANDMALEREIEN am südwestlichen Vierungspfeiler des Domes

BISCHOF SIGEBERT zwischen Priester und Diakon. Miniatur im Codex Ms. theol. lat. qu. 3 der Staatsbibliothek Preußischer Kulturbesitz in Berlin.

Blick von Süden durch das QUERHAUS

Die durch Arkaden gegliederte SÜDWAND DES CHORJOCHES

EMERENTIA-GRUPPE in einer Nische der nördlichen Domlanghauswand

HOCHALTAR des Gert van Lon im Dom

In den Choraltar eingelassene hölzerne THRONWANDUNG

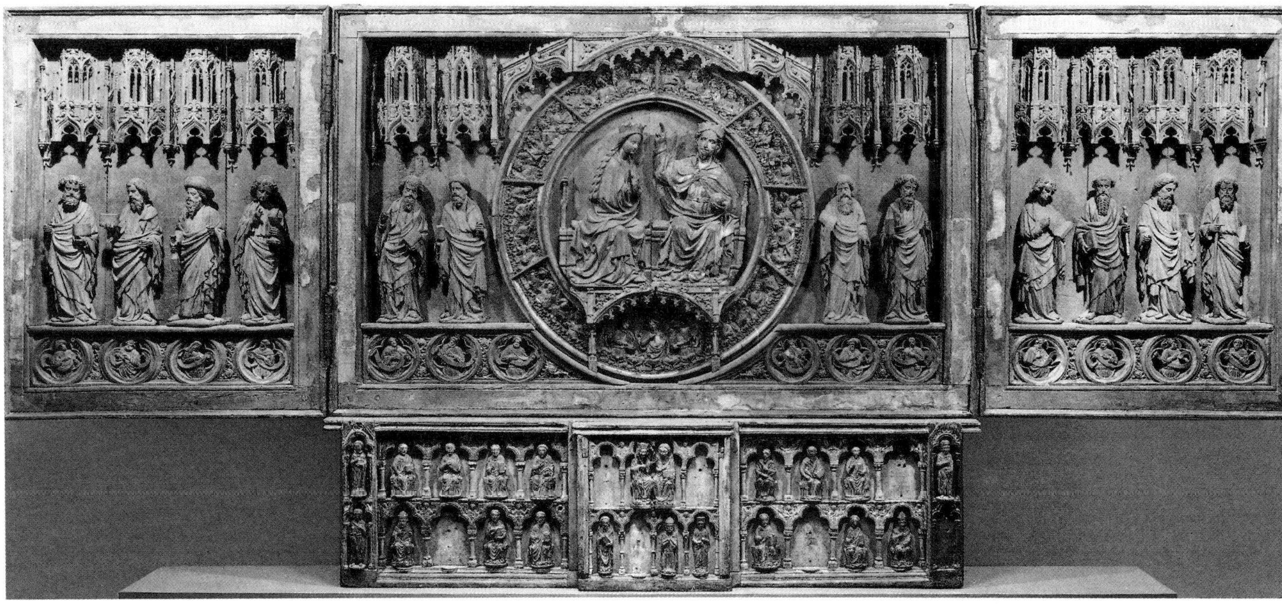

SOGEN. MINDENER ALTAR. Der um 1425 geschaffene Flügelaltar birgt Figuren der Marienkrönung und von Aposteln. Als seine Predella dient der Rest eines skulpturalen Altarretabels aus dem 13. Jahrhundert, der u. a. ebenso mit einer Marienkrönung geschmückt ist. Der Altar gelangte durch Verkauf von Minden nach Berlin und befindet sich heute im Bode-Museum (Staatliche Museen, Berlin-DDR).

Der um die Mitte des 13. Jahrhunderts entstandene sogenannte APOSTELFRIES im Querhaus gehörte ehemals zum Lettner, der Trennwand zwischen Langhaus und Chorbereich. Der Ausschnitt zeigt die Mittelgruppe, in der Christus (mit Kreuznimbus) von einem Apostel und von Maria (mit Lilienstab) flankiert wird.

MADONNA vom Tympanon des nördlichen Querhausportales, heute im Haus am Dom

Figur der ECCLESIA (Personifikation der christlichen Kirche) im Vorraum der Domschatzkammer

VESPERBILD in der Nordkapelle des Westbaues

Am zweiten Langhaussüdpfeiler von Westen steht der MATTHIASALTAR von ca. 1500, der in einem zu dieser Zeit geläufigen Schema aufgebaut ist. Seine Mitte nimmt in gesamter Höhe der Altarpatron, der Apostel Matthias, ein. Ihn rahmen zu den Seiten in kleinerem Maßstab Figuren Mariens, der Anna-Selbdritt und weiterer Heiliger. Wahrscheinlich besaß der Schrein ursprünglich ein Pendant am zugehörigen Nordpfeiler.

Der von Dompropst Johannes von Schorlemer († 1622) gestiftete HEILIGGEISTALTAR in der nördlichen Nebenapside des Querhauses

SCHREIN DER HEILIGEN VALERIA AUS LIMOGES (Verz. Nr. 3)

SCHREIN AUS STIFT SCHILDESCHE (Verz. Nr. 19), Seite der Törichten Jungfrauen

SCHREIN AUS STIFT SCHILDESCHE (Verz. Nr. 19), Seite der Klugen Jungfrauen

MADONNENSTATUE (Verz. Nr. 1)

PETRISCHREIN (Verz. Nr. 2)

Reliquienarm aus Holz (Verz. Nr. 14)

Reliquienarm aus Holz (Verz. Nr. 15)

Reliquienarm aus Holz (Verz. Nr. 16)

Reliquienarm aus Holz (Verz. Nr. 18)

RELIQUIENBÜSTE DER HEILIGEN MARIA MAGDALENA (Verz. Nr. 4)

BRONZEKRUZIFIX (Verz. Nr. 20), Ausschnitt

BRONZEKRUZIFIX (Verz. Nr. 20)

RELIQUIENBÜSTE DES HEILIGEN PETRUS (Verz. Nr. 5)

PETRUSSTATUETTE (Verz. Nr. 8)

LAURENTIUSSTATUE (Verz. Nr. 6)

RELIQUIENMONSTRANZ (Verz. Nr. 10)

RELIQUIENMONSTRANZ (Verz. Nr. 44)

RELIQUIENKREUZ DES APOSTELS ANDREAS (Verz. Nr. 11)

Diese aus Minden stammende ELFENBEINPYXIS wird heute in der Frühchristlich-byzantinischen Sammlung der Staatlichen Museen Preußischer Kulturbesitz in Berlin aufbewahrt. Das Gefäß ist wohl um 510/20 im östlichen Mittelmeerraum entstanden und zeigt drei Szenen aus dem Marienleben: Verkündigung, Reise nach Bethlehem und Geburt Christi. Es wird vermutet, daß die Pyxis ehemals eine Marienreliquie enthalten hat.

KELCH UND PATENE (Verz. Nr. 23) gehören zu den als Grabausstattung mehrfach überlieferten Stücken des 11. Jahrhunderts, die nur in sehr geringer Größe angefertigt sind. Beide wurden in einem Grab des Vorgängerquerhauses des Domes gefunden. Die Form von Kelch und Patene veranlaßte die Zuweisung des Grabes an Bischof Eilbert († 1080), zugleich auch die Datierung des Querhauses – mit Rücksicht auf das überlieferte Weihedatum 1071 – in die gleiche Zeit.

Kelch aus der 1. Hälfte des 14. Jahrhunderts
(Verz. Nr. 33)

Kelch aus der 2. Hälfte des 14. Jahrhunderts
(Verz. Nr. 34)

Kelch von 1464 (Verz. Nr. 32)

Kelch aus der 2. Hälfte des 15. Jahrhunderts
(Verz. Nr. 35)

Kelch aus der 2. Hälfte des 15. Jahrhunderts (Verz. Nr. 36)

Kelch von 1645 (Verz. Nr. 38)

Kelch aus dem Ende des 17. Jahrhunderts (Verz. Nr. 41)

Kelch von ca. 1700 (Verz. Nr. 43)

BUCHDECKEL EINES EPISTOLARS (Verz. Nr. 29)

Wohl in einer Mindener Werkstatt wurden die beiden unterschiedlich gestalteten Paare der in Bronze gegossenen LEUCHTER hergestellt (Verz. Nr. 24 und 25). Von Arbeiten dieser um 1200 tätigen Werkstatt ist noch eine größere Anzahl in Westfalen überliefert.

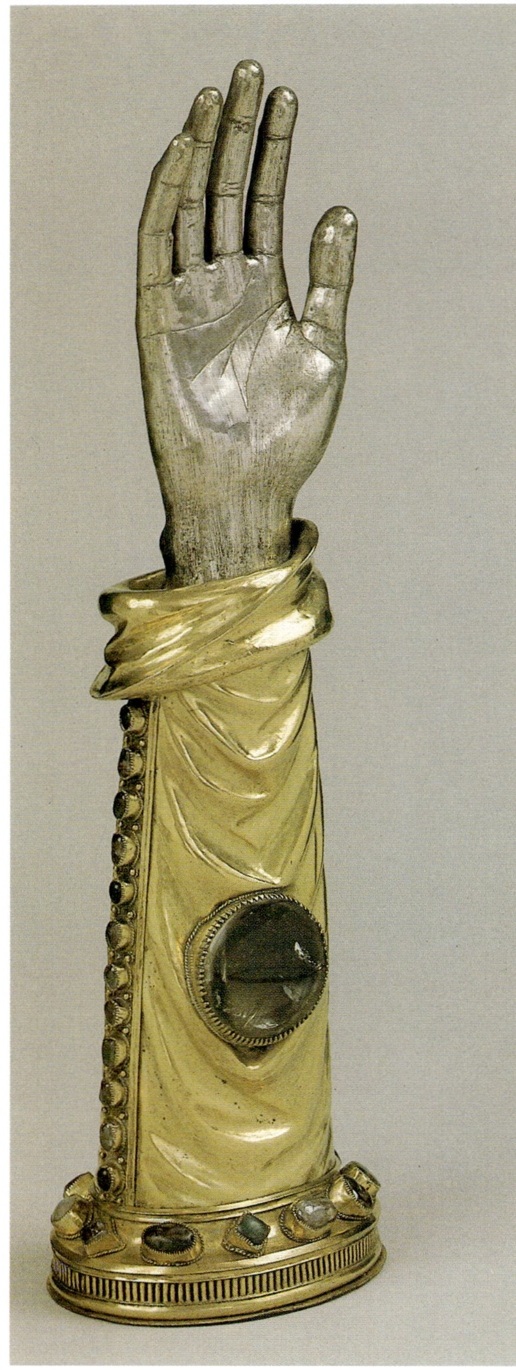

RELIQUIENARM DER HEILIGEN MARGARETHA
(Verz. Nr. 12)

RELIQUIENARM DES HEILIGEN GORGONIUS
(Verz. Nr. 13)

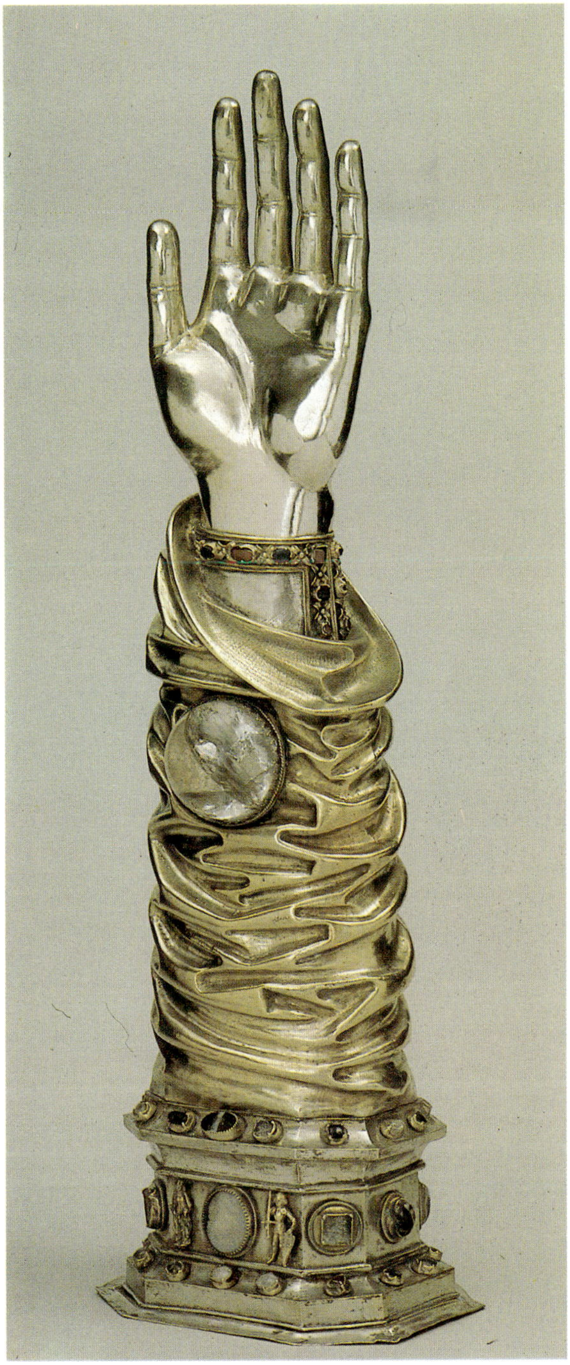

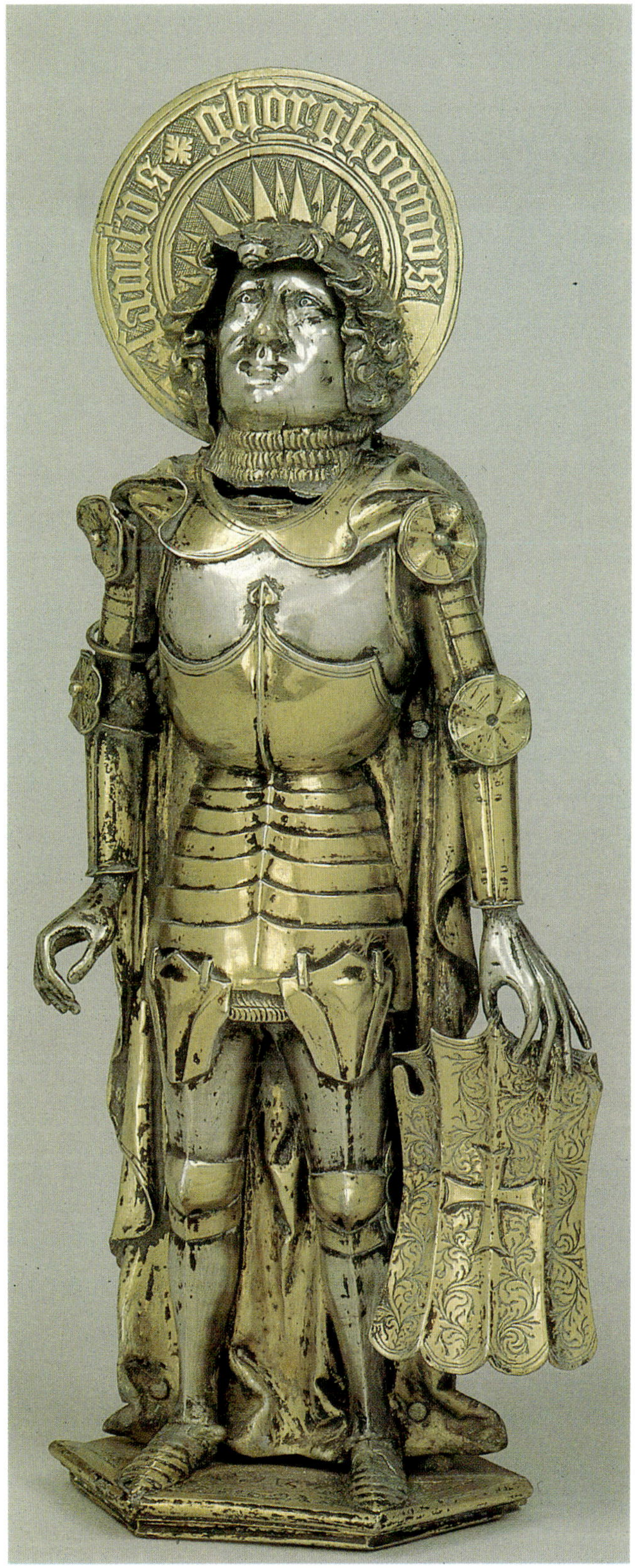

RELIQUIENARM DER HEILIGEN ANNA
(Verz. Nr. 17)

GORGONIUSSTATUETTE (Verz. Nr. 7)

LÖWENAQUAMANILE (Verz. Nr. 27)

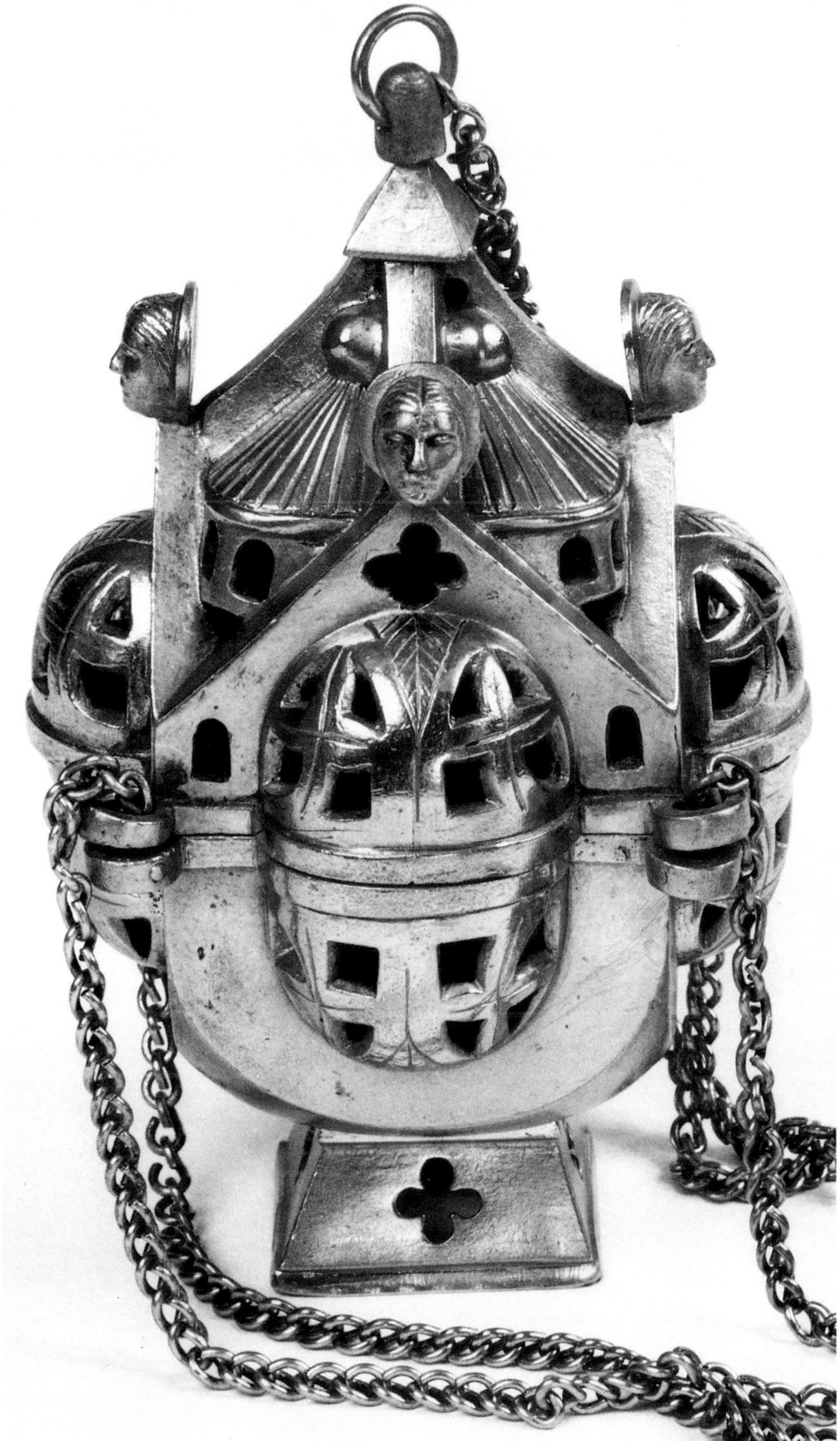

WEIHRAUCHFASS (Verz. Nr. 28)

KREUZ DES DOMKAPITELS (Verz. Nr. 21)

KREUZ DES DOMKAPITELS (Verz. Nr. 21)

OSTENSORIUM UND HEDWIGSGLAS (Verz. Nr. 9)

HEDWIGSGLAS (Verz. Nr. 9)

ZIBORIUM (Verz. Nr. 31)

KASELKREUZ (Verz. Nr. 48)

SONNENMONSTRANZ (Verz. Nr. 45)

WEIHRAUCHFASS (Verz. Nr. 47)

MITRA MIT STOLEN (im Besitz des Kunstgewerbemuseums der Staatlichen Museen Preußischer Kulturbesitz in Berlin). Diese Mitra aus Minden besteht aus Seide, auf der verschiedene Materialien (Blech, Goldfäden) appliziert sind. In Perlstickerei sind auf den Seiten zwei Szenen – Verkündigung und Krönung Mariens – ausgeführt. Die steile Form der Mitra und der Stil ihrer Stickereien verweisen auf eine Datierung in das späte 14. Jahrhundert.

CHORMANTELSCHLIESSE (heute im Kunstgewerbemuseum der Staatlichen Museen Preußischer Kulturbesitz Berlin). Die vergoldete Silberschließe wurde vom Mindener Goldschmied Reineke vam Dressche gefertigt und vom Mindener Domherrn Albert von Leteln 1484 gestiftet. Beides ist durch Inschriften auf dem Stück belegt. Es zeigt den knienden Domherrn unter dem thronenden Petrus, zu dessen Seiten die Heiligen Gorgonius und Mauritius.

KASEL (Verz. Nr. 49)

DALMATIKEN (Verz. Nr. 49)

BUCHDECKEL EINES EVANGELISTARS (Verz. Nr. 22)

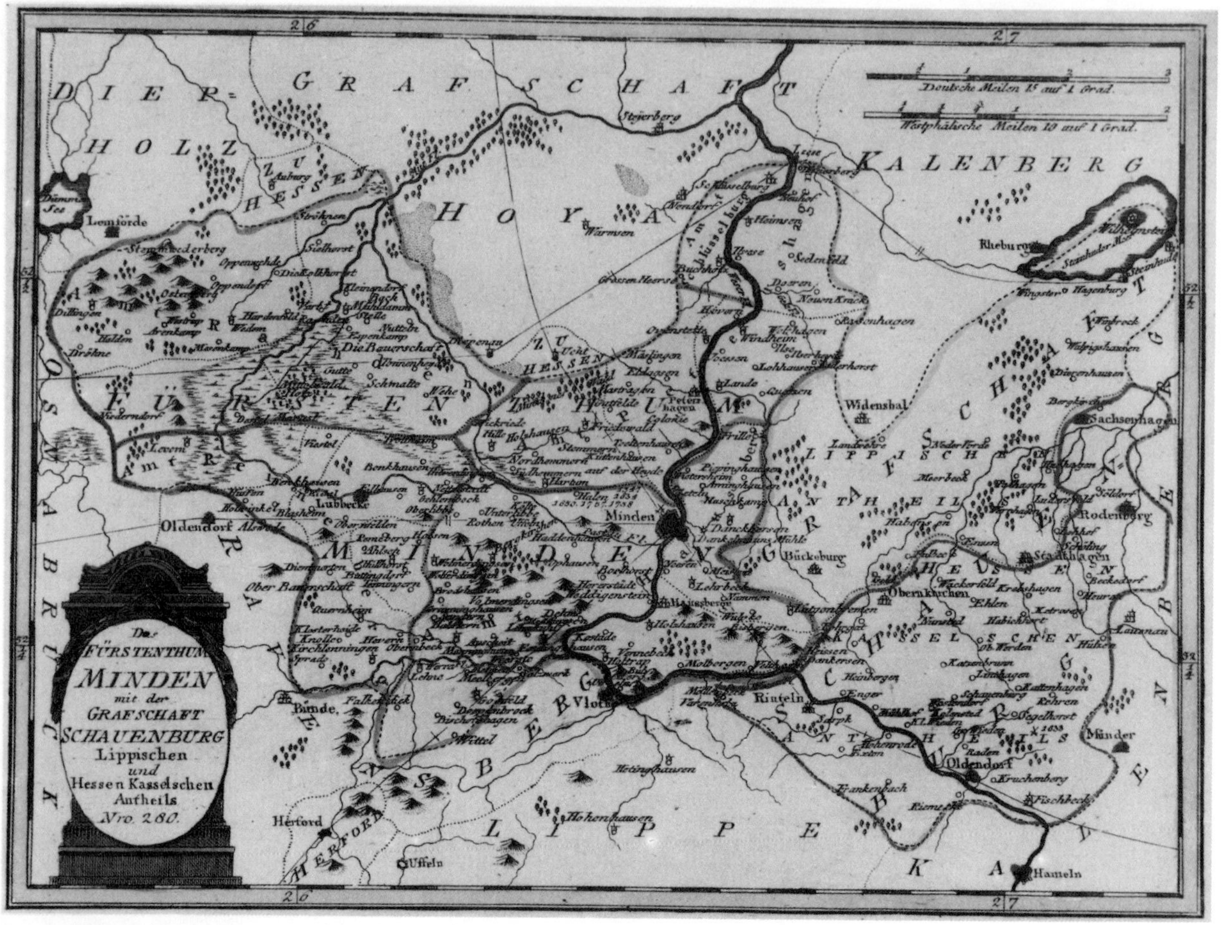


Das Fürstentum Minden 1789. Kupferstichkarte von F. J. J. Reilly 1766-1820